사회복지 실천론

Theories Of Social Work Practice

Theories Of Social Work Practice

윤선오
김우호
서보준
공저

양 성 원

머리말

지식정보사회의 급속한 진행, 국제화의 확산, 사회양극화의 심화 등은 사회복지전달체계의 다양화, 세분화, 전문화를 촉진시키고 있다. 이렇듯 급속히 변화하는 사회복지환경은 사회복지현장에서 활동하는 사회복지사뿐만 아니라 예비 사회복지사들에게 사회복지실천에 대한 인식의 전환과 새로운 지적, 실천적 능력들을 요구하고 있다. 사회복지실천이란 올바른 사회복지전달체계를 통해 사회복지자원들을 최대한 동원하여 사회구성원들이 인간다운 삶을 영위하도록 하는 제반 노력들을 말한다.

『사회복지실천론』은 변화하는 시대상황적 요구에 능동적으로 대처하기 위한 사회복지전문가들의 사회복지실천에 관한 새로운 시도와 산발적인 노력들을 종합적, 전문적, 함축적으로 정리해야 할 필요성을 느끼면서 출간되었다.

총 13장으로 구성된 이 책의 제1장은 사회복지와 사회사업에 대한 이해를 다루었고, 제2장과 제3장은 사회복지실천에 대한 기본적이고 전문적 개념 및 이론들을 소개하였으며, 제4장, 제5장, 제6장은 사회복지실천현장에서 발생하는 문제들을 중심으로 사회복지현장에 관한 올바른 이해를 위해 서술하였다. 그리고 제7장에서는 실천현장의 사례관리를, 제8장부터 제13장까지는 사회복지실천방법들을 구체적으로 제시하였다.

집필자들은 사회복지실천과 관련하여 대학, 연구소 및 사회복지실천현장에서의 연구결과와 경험들을 이 책을 통해 함축·수록하도록 최대한의 노력을 경주하였다. 사회복지전공자뿐만 사회복지실천현장의 사회복지사들에게도 많은 도움이 되기를 기대한다.

2016년 8월

저자 일동

차 례

제 1 장

사회복지실천에 대한 이해

제1절 사회복지와 사회사업에 대한 이해

1. 사회복지와 사회사업의 개념

사회복지실천에서 사회복지와 사회사업에 대한 개념을 살펴보도록 하겠다.

사회복지(social welfare)와 사회사업(social work)의 개념은 역사, 학자 등에 따라 다르게 정의한다. 즉, 광의의 사회복지 개념은 사회제도나 체계 간의 조직적 활동을 의미하며, 인간의 복지를 유지하거나 개선하는 데 목적을 두는 사회사업을 포괄하는 개념이라고 할 수 있다(Johnson, 1989).

프리들랜더와 앱트(Friedlander & Apte, 1980)는 사회복지란 국민의 복지를 향상하기 위한 법률, 제도, 프로그램, 급여 및 서비스 체계라고 정의하였다. 또한 베이커(Baker, 1991)는 사회를 유지하는 데 기본적인 사회적, 경제적, 교육적, 건강의 욕구를 충족시키기 위한 국가적 프로그램, 급여, 서비스 체계 등으로 나누었다.

로마니신(Romanyshin)은 사회문제의 치료와 예방, 인력자원의 개발, 인간생활의 향상에 관련된 일체의 과정과 개인과 가정에 대한 서비스 제공뿐만 아니라 사회제도를 강화, 개선시키려는 노력의 일체로 보았고, 던햄(Dunham)은 개인과 지역사회 및 전체 인구를 위한 보호, 수입 유지, 치료 및 예방활동 등이 있음을 말했다.

장인협(1999)은 사회복지 제도나 목적적 개념을 중시하고, 사회사업은 사회사업운영의 실질적 · 전문적 활동을 시사한다고 주장하였다.

사회사업의 개념에 대해 살펴보면 1950년대 서구사회는 사회사업이라는 용어를 도입하였고 이를 전공하는 학과를 사회사업학과라고 하여 이에 종사하는 자를 사회복지사업 종사자나 사회사업가(social worker)라고 하였다.

우리나라의 경우 1985년 사회복지사업법이 개정되면서 사회복지사로 규정되고 사회복지사 자격증이 교부되기 시작하였다.

사회사업은 사회적으로 인간관계상의 기능수행에 문제를 겪고 있는 사람들이 문제를 해결 또는 예방하도록 돕고자 하는 활동으로 실천적인 면을 강조하였다. 서비스를 제공하는 사람보다는 사회문제를 해결하는 사회적 수행을 서술하기 위해 사용되고, 그 목적은 다음과 같다.

① 사람들의 문제해결 및 처리 능력, 즉 사회적 기능수행 능력을 향상시킴에 있다.
② 사람들을 자원과 서비스 그리고 기회를 제공하는 체계들과 연결한다.
③ 이러한 체계들은 효과적이며 인도적인 운영을 증진함에 있으며, 사회정의의 촉진을 위한 사회정책의 개발과 개선의 공헌에 있다. 그리고 그 인간관계는 주로 개인, 가족, 집단, 조직, 지역사회, 전체 사회, 세계 등으로 이루어지고 있다.

사회복지와 사회사업에 대한 개념을 정리하면 [표 1-1]과 같다.

[표 1-1] 사회복지와 사회사업

	사회복지	사회사업
1. 어의적	이상적 측면을 강조	실천적인 면을 강조
2. 목적적	환경지향적	인간지향적
3. 대상적	전체적, 불특정적	부분적, 특정적
4. 방법적	제도, 정책(macro), 고정적	지식과 기술(micro), 역동적
5. 기능적	사전적, 예방적, 적극적	사후적, 치료적, 소극적

출처 : 서보준 외(2013)에서 재정리.

제2절 사회복지실천의 개념

1. 사회복지실천의 개념

우리는 삶을 영위하면서 사회복지라는 그 의미는 시대나 학자에 따라 용어에 대한 설명이 조금씩 다르며, 오늘날까지도 일관된 정의를 제기하기는 어려운 상황이다.

사회복지(social welfare)에서 "welfare"는 만족스러운 상태, 건강과 번영, 안녕의 의미로 사용되고 있다. 여기에 "social"이란 형용사를 붙이면 사회적으로 행복한 상태를 뜻하게 된다. 즉, 개인의 행복만을 추구하는 것뿐만 아니라 사회구성원 모두의 행복을 추구하기 위한 노력을 의미한다고 할 수 있다. 따라서 사회복지란 누구나 행복을 누릴 권리와 존엄성이 있다는 이상과 "fare"라는 동사가 말해주듯이 그 이상을 지향하는 실천상태, 즉 구체적 제도나 서비스는 사회구성원의 집합적 활동에 의해 이루어져야 한다는 것이다. 여기서의 행복은 비단 물질적인 풍요만을 뜻하는 것이 아니고 신체적 · 정신적 발달의 기회를 누구나 가질 수 있는 상태도 함께 의미하는 것이다.

사회복지실천은(social work practice)은 사회복지학에서 하나의 방법 또는 접근노력으로서, 이 개념은 사회복지를 보다 기술적이고 미시적인 측면에서 규정하거나 사회복지의 전문적인 실천기술을 강조할 때 사용되어 왔다. 이러한 사회복지실천은 다양한 형태 및 종류의 서비스를 계획, 개발, 전달하는 계획된 변화를 위한 전문가에 의한 노력이며 사회복지실천이라는 용어는 'social work practice'를 번역한 것으로 사회사업, 개별사회사업, 일반사회사업(generalist social work) 등을 대신하는 용어라 할 수 있다. 역사적으로 사회복지실천은 주로 미국에서 사회복지 발달 초기에 사회사업의 개념으로 출발하였으며 사회복지실천이라는 용어는 훨씬 이후에 등장하였다.

20세기 후반에 들어와 사회사업은 이론과 실천의 양면 중에서 특별히 실천을 중시하는 학문적 기풍으로 발전하고 있는데 사회사업이 사회복지실천으로 대체되었다고 볼 수 있다.

우리나라에서는 사회복지사업법의 개정과 더불어 2003년부터 사회복지사 자격취득 국가고시제도를 도입하게 되었다. 이로 인하여 과거 대학교육의 교과목 명칭 중 개별사회사업(개별지도), 집단사회사업(집단지도)이 없어지고 사회복지실천론과 사회복지실천기술론으로 변경하여 2000년부터 사회복지실천론이란 말을 공식적으로 사용하게 되었다(엄명용 외, 2011).

사회복지실천은 사회복지사가 사회적 안녕상태를 이루기 위해 필요한 구체적 서비스들을 그 서비스가 요구되는 현장에서 실천에 옮기는 작업이라 할 수 있으며, 사회복지사가 개인, 집단, 가족, 지역사회, 제도 및 사회적 수준에서 클라이언트들이 스스로 문제와 욕구를 해결하도록 도와주어, 사회적 기능을 향상시키고 나아가서는 삶의 질을 높이는 데 목적을 둔 종합적인 실천 활동이라고 할 수 있다. 이러한 의미의 사회복지는 인간 개개인의 행복과 만족을 추구하는 일체의 제도적이고 직접적인 노력 또는 과정으로 거시적인 측면의 정의로 간주될 수 있다. 이때 거시적인 측면이라 함은 사회복지를 제도적, 정책적인 것에 초점을 두는 것이다. 그리고 미시적 측면은 문제와 욕구를 특정한 개인, 가족, 집단, 지역사회 등에 대하여 보다 구체적이고 직접적 서비스를 제공하는 것을 의미한다.

사회복지실천에 대한 가장 고전적인 정의는 리치몬드(Richmond, 1922)에 의해 제시된 개별실천(social casework)에 대한 정의이다. 『개별실천이란 무엇인가(what is social casework)』라는 책을 통해서 사회복지실천을 개개인 그리고 사람과 그 사회환경 사이에서 의식적인 조정을 통해 개개인의 인격발달을 이루어가는 과정으로 정의하였다(Richmond, 1922).

펄만(Perlman, 1957)은 사회복지실천의 구성요소를 분석하여 문제(problem), 사람(person), 장소(place), 과정(process) 등의 4-p로 요약하였으며, 4-p는 사회복지사가 클라이언트, 클라이언트가 처한 상황, 사회복지적 개입을 행하는 기관의 맥락 등과 관련한 사고들을 체계적으로 조직화하는 수단으로 지금까지 많은 사회복지실천가들에 의해 유용하게 사용되어 왔다. 펄만(Perlman, 1986)은 전문가(professional)와 제공물 또는 제공자원(provisions)의 2-p를 추가하여 전문가는 자격을 갖춘 사회복지사를 의미하며 제공물(자원)은 클라이언트에게 제공되는 유형 및 무형의 서비스를 의미한다. 또한 보엠(Boehm, 1959)은 사회사업을 "개인 또는 집단의 사회적 기능을 향상시키는 것으로, 거기에는 개인의 손상된 능력의 회복, 개인적 · 사회적 자원의 제공, 사회적 역기능의 예방이 포함되는 것"으로 정의하였다.

1958년 미국사회복지사협회(National Association of Social Workers : NASW)에 의해 사회복지실천에 대한 공식적인 최초의 작업적 정의가 내려졌는데 사회복지실천의 개념의 목적을 다음과 같은 세 가지로 규정하였다(NASW, 1958).

첫째, 개인과 집단으로 하여금 그와 환경 간에 불균형상태가 일어났을 때 문제를 정확히 발견하여 그 정도를 경감시키거나 해결할 수 있도록 도와주는 일이다.
둘째, 개인 또는 집단과 그 환경 간의 상호작용 과정에서 발생할 수 있는 잠재적인 문제를 확인함으로써 양자 간에 불균형 상태가 발생하는 것을 사전에 예방한다.
셋째, 개인과 집단과 지역사회 내의 잠재력을 찾아내고 확인하며, 이를 강화시켜 준다.

즉, 이와 같은 미국사회복지사협회의 정의는 사회복지실천의 통합적 방법을 활성화하는 중요한 요소가 되었다. 1973년 미국사회복지사협회에서 공식적으로 내린 정의는 사회복지실천은 "개인, 집단, 혹은 지역사회로 하여금 사회적 기능에 대한 그들의 능력을 향상시키거나 회복시키며, 그러한 목적에 합당한 사회적 여건을 스스로 만들어갈 수 있도록 돕는 전문적 활동"으로 규정하였다.

한편 핀커스와 미나한(Pincus & Minahan, 1973)은 사회사업을 "사람들이 그들의 생활과업을 수행하고 고통을 경감시켜 영감과 가치를 실현시키기 위하여 사람들의 능력에 영향을 미치는 환경과 그 사람 사이의 상호작용에 관여하는 것이다"라고 하였다. 이는 사회복지실천에 대한 정의를 사람과 자원체계 간의 연결과 상호관계라고 말한 것이다.

국제 사회복지사 연맹(International Federation of Social Work : IFSW, 2000)은 1982년에 내렸던 사회복지실천에 대한 정의를 2000년에 갱신하였는데, 사회복지실천 전문직이란 크게 세 가지 현상의 향상을 위해 노력하는 것이라는 내용이다. 즉 첫째, 약자의 권익증진을 위해 사회변화를 촉진한다. 둘째, 인간관계 내 문제해결을 촉진한다. 셋째, 개인의 복지 증진을 위해 개인의 역량강화와 함께 개인을 차별과 억압으로부터 해방시키기 위해 노력하는 것이다.

한편 황성철(2000)은 사회복지실천을 "인간의 기본적인 권리와 존엄성을 보장하고 사회정의를 실현시키는 이념적 기반 아래 인간의 복지증진과 방해요인의 경감과 제거라는 목적을 달성하기 위해서 인간행동과 사회환경에 관한 다양한 이론과 특정한 실천모델을 응용하여 구체적인 절차와 기법을 활용하는 개입활동"으로 정의하였다. 또한 양옥경 외(2005)는 "사회복지실천을 사람의 삶의 질 향상을 위해 개인, 소집단, 가족, 또는 지역사회의 문제 및 욕구에 권한 부여적(empowering) 문제해결 접근방법(problem-solving method)으로 개입하는 종합적인(generic) 전문 활동(professional activity)"이라고 정의하였다.

우리나라는 한국사회복지교육협의회(2006)에서 통합방법론의 인정과 함께 기존의 3대 사회복지방법론을 사회복지실천론과 사회복지실천기술론으로 통합, 구분하였다. 사회복지실천론에서는 통합적 접근에 대한 이해를 기본으로 실천개념, 가치와 윤리, 사회복지실천현장, 사회복지사의 역할, 사회복지실천과정, 면접기술 등의 내용을 다루도록 되어 있다. 그리고 사회복지실천기술론에서는 사회복지실천에 필요한 기본지식과 구체적 기술을 학습하도록 되어 있다. 따라서 사회복지실천과 사회복지실천기술론의 내용에는 과거의 개별사회사업, 집단사회사업의 요소가 통합되어 있다(양정남 외, 2011).

제3절 사회복지실천의 목적과 목표

1. 사회복지실천의 목적

모든 사람의 삶의 질을 향상시키는 것이 사회복지실천의 궁극적인 목적이라 할 수 있다. 1929년 밀포드(Milford) 회의에서 처음 정의한 이후 현재까지 보다 정확한 개념정의를 위한 노력이 계속되고 있다.

미국의 사회복지사협회가 1958년에 발표한 사회복지실천의 목적은 다음과 같다.

첫째, 개인과 집단이 그들과 환경 간에 불균형상태가 발생했을 때 문제를 찾아내어 문제의 어려움 정도를 감소시키거나 해결하도록 도와주는 것이다.

둘째, 개인이나 집단이 그들과 환경 간에 불균형상태가 일어날 수 있는 잠재적 문제를 미리 발견하여 예방하는 것이다.

셋째, 개인과 집단과 그들과 환경 간에 불균형상태가 일어날 수 있는 잠재력을 발견하여 확인하고, 또 이를 강화시켜 주는 것이다.

1979년의 시카고 회의에서는 저명한 사회복지 관련 인사들이 모여 실질적인 사회복지실천의 목적에 대해 합의했는데, 그 합의 내용은 '사회복지실천 목적에 관한 실질성명(Working on the Purpose of Social Work, Social Work, 1981)'으로 발표되었다.

실질성명에서는 사회복지실천의 목적을 모든 사람의 삶의 질 향상을 위해 개인과 사회 간의 서로 유익한 상호작용을 촉진 또는 회복시키는 것으로 정의하고 있다. 구체적인 내용을 살펴보면 다음과 같다.

첫째, 모든 사람의 삶의 질을 향상시키는 데 사회복지실천의 목적을 두고 있다. 즉, 모든 사람이라 함은 사회구성원 모두를 말한다. 빈부의 차이, 성별과 나이의 차이, 학력의 차이, 종교적 성향 및 가치의 차이, 국적 또는 인종의 차이, 신체 · 정신적 질병의 유무, 장애의 유무, 각종 능력의 유무, 사회적 지위의 높고 낮음 등에 관계없이 사회구성원 모두의 삶의 질이 향상될 수 있도록 노력하는 것이 사회복지실천 활동의 목적이라는 것이다.

둘째, 사회복지실천은 사회구성원과 사회체계 사이의 유익한 상호작용을 회복 또는 촉진시키기 위해 노력한다. 사회구성원과 개인과 그를 둘러싼 사회체계 사이의 상호작용은 구성원의 사회적 기능이라는 개념에 의해 설명될 수 있다. 즉, 개인이 가진 각종 역량 또는 능력이라는 한쪽 요인과 주변 환경의 요구 또는 기대라는 다른 쪽 요인 사이에 적절한 균형이 맞춰져 있을 때 개인의 사회적 기능이 잘 발휘될 수 있다. 사회적 기능을 향상시키기 위해서는 개인의 역량이나 능력을 향상시키는 방법이 있을 수도 있고, 개인 주변의 사회 · 물리적 환경의 조건이나 요구들을 수정 또는 조정하는 방법이 있을 수도 있다.

핀커스와 미나한(Pincus & Minahan, 1973)은 사회복지실천의 주요 목적을 다음과 같이 네 가지로 제시하였다.

첫째, 개인의 문제해결능력과 대처능력을 향상한다.
둘째, 사회자원과 서비스, 기회를 제공하는 체계와 연결한다.
셋째, 이 체계들을 효과적으로 그리고 인도적으로 운영하도록 한다.
넷째, 사회정책 개발과 발전에 기여한다.

미국 사회복지교육협의회(CSWE, 2008)는 사회복지실천의 목적을 다음과 같이 네 가지로 제시하였다.

첫째, 개인, 가족, 집단, 조직, 지역사회가 목적을 달성하고 고통을 완화시키며 자원을 활용할 수 있도록 도와줌으로써 이들의 사회기능을 촉진, 회복, 유지, 강화시키는 것이다.

둘째, 인간의 기본욕구를 충족시키고 인간이 가진 잠재력과 가능성을 개발하는 것을 돕는 데 필요한 사회정책, 서비스, 자원, 프로그램을 계획, 공식화, 시행하는 것이다.

셋째, 곤궁에 처한 집단에 힘을 실어 주고, 사회적 · 경제적 정의를 실현하기 위해 조직적 혹은 행정적 옹호, 사회적 혹은 정치적 운동을 통해 정책, 서비스, 자원 프로그램을 추구하는 것이다.

넷째, 이러한 목적과 관련된 모든 전문적 지식과 기술을 개발하고 시험하는 것이다.

2. 사회복지실천의 목표

헵워스와 라젠(Hepworth & Larsen, 1986)은 사회복지실천의 목표를 여섯 가지로 제시하였다.

첫째, 개인으로 하여금 자신의 역량을 확대하고 자신의 문제해결 능력 및 대처능력을 증진할 수 있도록 도움을 제공한다. 이것은 잠재적 대처자원을 동원하는 방법, 문제해결 전략교육, 대인관계기술 등을 돕는다.

둘째, 각종 자원을 확보할 수 있도록 도움을 제공한다. 주거, 음식, 생필품, 의료서비스, 정신의료서비스, 보호서비스, 법률서비스 등을 돕는다.

셋째, 사람들의 욕구에 반응할 수 있는 조직이 될 수 있도록 감시한다. 다른 사회복지 제공 서비스를 하는 사람들을 관심 있게 살펴 잘못된 것은 시정 · 요구해야 한다.

넷째, 개인과 개인 주변 환경에 속한 사람들 간의 상호작용을 촉진한다. 클라이언트의 원만한 상호작용으로 인간관계가 잘되도록 돕는다.

다섯째, 조직과 조직, 기관과 기관 사이의 상호작용에 영향력을 행사한다. 즉, 조정, 중재역할을 말한다.

여섯째, 사회 환경의 정책에 영향력을 행사한다. 클라이언트를 위한 사회적 환경 개선,

예산 확보, 정책 또는 법 제정 등에 참여한다.

한편, 재스트로(Zastrow, 1999)는 1982년에 미국 사회사업가협회에서 규정한 사회복지실천의 목표와 1992년 미국 사회사업교육협의회(Council on Social Work Education)에서 사회복지실천의 목표로 제시한 것을 종합하여 검토한 후 사회복지실천의 목표를 다음의 여섯 가지로 제시하였다.

첫째, 사회복지실천의 목표는 사람들의 문제해결, 대처 그리고 발달적인 능력을 신장시키는 것이다. 이 말은 상황 속에 놓여 있는 개인을 고려할 때 사회복지실천의 개인에게 있음을 의미한다. 이때 사회복지사는 가능하게 하는 사람, 상담자, 교사, 보호자, 행동변화자 등으로 묘사된다.

둘째, 사람들에게 자원과 서비스와 기회를 제공해 주는 체계와 연결시켜 주는 것이다. 이때 사회복지실천의 초점은 개인과 체계 간의 관계에 맞추어져 있다. 이 경우 사회복지사는 중개자로서 작용하게 된다.

셋째, 사람들에게 자원과 서비스를 제공해 주는 체계의 작동을 효과적이고 인간적이도록 해 주는 것이다. 이는 사회복지실천의 초점이 체계에 맞추어져 있음을 의미한다. 이 경우 사회복지사는 옹호자의 역할을 한다.

넷째, 사회정책을 개발·개선하는 것이다. 이 또한 사회복지실천의 초점이 체계에 맞춰진 것으로, 이때 사회복지사는 기획가 또는 정책개발자로 가능하게 한다.

다섯째, 위험에 처한 집단에게 권능을 부여하며 사회적·경제적 정의를 증진시키는 것이다. 위기에 직면한 집단이란 여성, 노인, 신체적·정신적 장애를 가진 사람, 빈민 등을 의미한다. 이 경우 사회복지사는 권능을 신장하는 사람의 역할을 한다.

여섯째, 전문적인 지식과 기술을 개발하고 검증하는 것이다. 사회복지사는 사회복지실천에 지식과 기술의 발전에 기여해야 할 것으로 기대된다.

즉, 위에서 언급한 사회복지실천의 목적과 목표의 내용을 바탕으로 사회복지실천이 무엇을 지향하고 실천해야 할 구체적인 방향을 설정하는 데 많은 도움이 될 것이다.

제4절 사회복지실천의 이념과 철학

사회복지실천의 이념적 배경은 사회통제와 사회변화라는 이중적인 목적을 가진 특성을 지니고 있으며 이를 근거로 다양한 서비스와 프로그램을 개발해 왔다.

본 장에서는 사회복지실천의 가장 많은 영향을 준 이념과 철학을 중심으로 인도주의 및 박애주의, 사회진화론, 민주주의 및 사회주의, 개인주의, 다양화 등의 다섯 가지로 나누어 살펴보고자 한다(김봉순 외, 2011; 김혜영 외, 2012; 나동석 외, 2014).

1. 인도주의 및 박애주의

사회복지실천은 1601년 영국의 구빈법(Elizabethan Poor Law)에 그 기원을 두고 있어, 구빈법에 의한 우애방문자(friendly visitors)들이 사회복지사의 시작으로 볼 수 있다. 이들은 대부분 자원봉사자들이었으며 박애주의(philanthropy) · 인도주의(humanitarianism)를 가장 주된 이념으로 갖고 있었고, 이러한 사상은 사회복지실천의 기본 정신이 되었다(양옥경 외, 2005).

박애주의는 인종 · 종교 · 신분 · 풍습 · 이해관계 등의 현실적 차별을 초월하고 인간성을 기초로 하여 어려움을 같이 나누려는 인간애를 말하는 것이며, 인도주의는 모든 인간은 동등한 자격을 갖추고 있다는 생각에서 인류의 공존을 꾀하고, 복지를 실현시키려는 사상을 의미한다.

이러한 두 가지 사상은 우애방문자 이후 사회복지실천의 주요 정신으로 실천현장에서 사회적인 약자 · 빈곤자를 향한 이타적 봉사정신으로 나타났다.

2. 사회진화론

사회진화론은 19세기에 나타난 사회발전 및 사회변동 이론에 관한 주된 사상의 하나로 다윈(Darwin)이 주장한 자연도태와 적자생존의 법칙이 주(主)가 된 생물학적 진화론을 스펜서(Spencer)가 사회발전을 설명하려고 한 데서 시작되었다. 즉, 생물학적 진화론을 사회학적 진화론에 적용시킨 것이라고 볼 수 있다.

영국의 자선조직협회의 우애방문자들은 그 당시 사회의 열등계층인 극빈자와 장애인을 방문하여 자신이 신봉하는 중산층의 기독교적 도덕을 강조하고 그에 맞추어 생활하도록 하여 빈민의 가치관이나 도덕성을 완전히 무시하였으며, 지금까지의 생활신념이나 가치관을 버리고 새로운 도덕, 윤리를 따르도록 강요하였다. 그러지 않을 경우에는 현 상태를 겨우 유지할 수 있을 정도의 도움만을 제공하는 것에 그쳤다(이종복 외, 2012). 또한 20세기 초에 영국의 거대한 사회변화의 주요한 원인이 되기도 했다. 영국의 정치가인 조지(George)와 처칠(Churchill)은 라운트리(Rowntree)의 빈민조사 보고서에 근거하여 사회개혁을 추진하게 된다. 이 보고서는 요크 지방의 빈곤층을 중심으로 왜 빈곤층은 아무리 노력해도 가난에서 벗어나는 것이 불가능한지를 설명하였다. 이러한 견해는 기존의 빈곤층이 가난한 원인이 개인의 성격 결함 때문이 아니라 사회적 원인이라는 시각을 확대하였고 나아가 영국의 정치를 빈곤층들의 복지에 중점을 두게 하였다(원석조, 2013). 이러한 사회변화는 적자생존에 관한 사회진화론의 영향을 많이 받았다고 볼 수 있다.

3. 민주주의 및 사회주의

민주주의(democracy)는 모든 인간은 평등함을 인정하면서 클라이언트도 평등한 대우를 받을 권리가 있음을 말한다. 민주주의는 인도주의와 사회진화론에 입각한 우월한 자인봉사 제공자가 열등자인 클라이언트에게 봉사 및 시혜를 무조건 받도록 강요하던 것에서 주는

✧ 참고문헌

김경우 외(2013). 사회복지실천론. 창지사.

김봉순 외(2011). 사회복지실천론. 창지사.

김영모(1973). 사회복지개론. 정문사.

김혜영 외(2012). 사회복지실천론. 공동체.

나동석 외(2014). 사회복지실천론. 정민사.

박차상 외(2012). 사회복지실천론. 창지사.

서보준 외(2013). 사회복지개론. 공동체.

양옥경 외(2005). 사회복지실천론(3판). 나남출판.

양정남 외(2011). 사회복지실천론(3판). 양서원.

엄명용 외(2011). 사회복지실천의 이해. 학지사.

원석조(2013). 사회복지발달사(2판). 공동체.

이종복 외(2012). 사회복지실천론(3판). 학현사.

장인협(1999). 사회사업실천론 : 제너럴리스트접근(통합편). 서울대학교 출판부.

한국사회복지교육협의회(2006). 사회복지학 교과목지침서.

황성철(2000). 사회복지실천의 효과성. 한국사회복지학회 2000년 춘계학술대회 자료집. 227-243.

Baker, R. L.(1991). The social work dictionary, Silver Spring, MD : National association of Social Workers.

Boehm, W.(1959). Objectives of the social work education curriculum of the future, Curriculum Study, New York : Council on Social Work Education.

CSWE(2008). From the Editor : A Dialogue on social justice. Journal of Social Work Education, 44(2), 1-6.

Frienlander, W. A. & Apte, R. Z.(1980). Introduction to social welfare. Frentice-Hall.

Hepworth, D. J. & Larsen, J. A.(1986). Direct Social Work Practice : Theory and Skills. Chicago : Dorsey.

International Federation of Social Workers.(2000). Definition of social work.

Johnson, L. C.(1998). Social work practice : A generalist approach(6nd ed.). Needham Heights, MA : Allyn & Bacom.

NASW, Commission on Social Work Practice(1958). "Working definition of social work practice". Social Work. 3(2).

Perlman, H. H.(1957). Social casework : A problem solving process. Chicago : University of Chicago Press.

Perlman, H. H.(1986). The problem-solving model. In F. Turner(Eds.), Social Work Treatment : Interlocking theoretical approaches(3rd ed.). N.Y. : Free Press.

Pincus, A. & Minahan, A.(1973). Social Work Practice : Model and method. Itasca. Ill. : F. E. Peacock Publishers. Inc.

Reamer, F. G.(1988). The Philosophical Foundations of Social Work. N.Y. : Columbia University Press.

Richmond, M. E.(1922). What is Social Casework?. New York : Russell Sage Foundation.

Zastrow, C. H.(1999). The Practice of Social Work(6th ed.). Pacific Grove : Brooks/Cole Publishing Company.

제1절 사회복지실천과 가치

1. 가치의 개념

가치(value)는 지식(knowledge), 기술(skill)과 더불어 사회복지실천의 3대 중심축의 하나로 사회복지실천이 추구해야 하는 방향성을 제시한다.

골드스타인(Goldstein, 1973)이 사회복지사들을 일컬어 "가치에 둘러싸인 사람들"이라고 하였듯이 사회복지실천에서 가치는 매우 중요하다.

가치란 우리가 인간으로 존재하고 행동함에 있어 옳고 좋은 것으로 선호되는 것에 대한 지속적인 신념들이라고 할 수 있다. 이러한 의미에서 좋다/싫다, 바람직하다/나쁘다 등과 같이 선호하는 것에 대한 암묵적 견해로서 인간의 삶과 관련된 특정 수단, 목적, 조건들에 대한 보편적 선호이다. 가치는 세계가 어떠해야 하며, 사람들이 어떻게 행동해야 하며, 최적의 생활환경은 어떠해야 하는지에 대한 신념이다. 또한 가치는 단순한 관심이 아니라 행동 시에 선택의 기준으로 작용한다. 즉, 가치는 인간행동의 방향과 동기를 제공한다.

윌리엄(William, 1969)은 "가치란 선호하는 것 혹은 선택한 것에 대한 기준이며, 잠재적이거나 실제적인 행동을 정당화시켜 줄 뿐 아니라 선택된 행위들의 바람직한 상태를 일컫는 개념"이라고 정의하였다. 즉, 가치란 객관적으로 증명할 수 없고 주관적으로 선호하는 것으로 인간의 적절한 행동을 선택하는 데 지침이나 기준이 된다. 가치와 윤리는 종종 혼용되지만 그 뜻은 다르다. 사회복지실천의 윤리에서 가치의 문제를 중요하게 다루는 것은 가치에서 윤리가 나오기 때문이다(엄명용 외, 2011).

레셔(Rescher, 1969)와 리머(Reamer, 1999)는 가치란, 즉 "평가될 수 있는 모든 것", "모든 욕구의 대상", "외향적이건 내재적이건 혹은 개인적 특성이건 집단의 특성이건 간에 어떤 바람직함이란 개념으로서 가능한 여러 수단과 목적들 중에서 선택을 할 때 영향을 미치는 것", "인간의 노력의 지침이 되는 바람직한 최종 상태 혹은 사회적 행동을 인도하는 정당화된 목적의 가장 일반적인 진술", "여러 대안적 행동 중에서 선택을 할 때 영향을 주는 규범적 기준" 등이라고 하였다.

또한 바틀릿(Bartlett, 1970)은 사회복지실천에서의 본질적 3대 요소인 가치, 지식, 기법 중 가치적 요소를 중시했다. 사회복지 전문직은 어떠한 지식이나 개입방법만으로는 충족될 수 없으며 뚜렷한 가치나 신념이 선행되어야 함을 시시하고 있다. 전문직 속성에서 가치를 전제로 삼은 윤리강령을 중시함도 이에 연유한다고 보겠다. 특히 사회복지 전문가들은 클라이언트를 원조함에 있어 어떠한 생각을 갖는 것이 바람직하며, 문제를 해결하는 데 어떻게 처리함이 바람직한 것인가 하는 사고나 판단을 할 수 있어야 하는데 이때 바람직한 가치관은 매우 중요하다고 하였다.

조휘일(2009)은 가치란 인간이 자신의 생활에서 추구하는 특정목표로서 중요한 것, 중요하지 않다고 고려되는 것, 가치 있는 것과 가치 없는 것 등에 관련된다고 하였다.

따라서 사회복지실천에서의 가치는 사회복지사가 클라이언트를 원조하는 과정에서 다양한 어려움에 직면할 수 있다. 이때 어떠한 생각을 갖는 것이 바람직하며, 이러한 문제를 해결하는 데 어떻게 처리하는 것이 바람직한 방법인지를 판단하고 여러 가지 작은 목표를 설정하는 단계와 관련되는 것이 가치라고 할 수 있다.

2. 가치의 유형

1) 가치의 수준에 따른 분류

가치는 수준 또는 그 중요도에 따라 일반적으로 궁극적 가치, 차등적 가치, 수단적 가치 등의 세 가지로 분류할 수 있다. 구체적인 내용을 살펴보면 다음과 같다(Johnson & Yanca, 2007).

① **궁극적 가치**(ultimate values)

가장 추상적이고 대다수의 사람이 가장 쉽게 동의하는 가치로서 인간의 존엄성, 자유, 진보, 정의 등이 궁극적 가치에 속한다.

② **차등적 가치**(proximate values)

보다 바람직한 특정의 목적 상태를 의미하며, 사람에 따라 찬반이 나뉘어 불일치되는 경향이 있다. 차등적 가치에는 안락사나 낙태에 대한 권리, 아동 훈육 권리, 동성애에 대한 가치 등이 차등적 가치에 속한다.

③ **수단적 가치**(instrumental values)

목적을 위한 바람직한 수단에 대한 것으로 궁극적 가치를 달성하기 위한 수단으로써 자기 결정, 비밀보장 등이 수단적 가치에 속한다.

2) 가치의 주제에 따른 분류

가치의 주제에 따른 분류를 개인적 가치, 집단적 가치, 사회적 가치, 전문적 가치, 과학적 가치, 도덕적 가치, 윤리적 가치, 심미적 가치 등의 여덟 가지로 분류할 수 있다. 구체적인 내용을 살펴보면 다음과 같다(전재일, 1981; 김혜영 외, 2012).

① **개인적 가치**

개인적 가치는 개인이 갖고 있는 가치들이며, 사람들이 반드시 공통적으로 갖는 것은 아니다.

② **집단적 가치**

사회의 하위집단이 갖고 있는 가치로 종교집단의 가치 또는 소수민족집단의 가치, 지역사회의 가치도 이에 해당된다.

③ 사회적 가치

이타주의, 상호부조, 사회복지, 우애, 민주주의, 호의, 책임 및 사랑과 같이 사회적으로 지향된 방법으로 일반적 또는 집합적으로 인간을 위한 선과 권리를 생각하게 되는 가치를 말한다.

④ 전문적 가치

능력, 공평무사, 클라이언트의 관심을 우선시하는 전문적 행동의 기준으로서 수용하는 것이며, 전문직업인들이 자기 자신을 맡기는 가치이다.

⑤ 과학적 가치

과학자들이 과학적 행동, 즉 합리성, 객관성, 진보성과 비판적 연구를 결정해야 할 것이라고 믿는 가치이다.

⑥ 도덕적 가치

정직, 공명정대한 행동, 공감처럼 특히 대인관계에서 정의와 의무의 기준에 의하여 반대되거나 유익한 어떤 일의 성질에 관한 가치이다.

⑦ 윤리적 가치

도덕적 가치관의 한 형태이며, 실용적이거나 직접적인 용어가 아니라 이상적인 용어로서 성실, 타인에 대한 존경, 정직과 같은 인간의 행동을 지배하는 것으로서 임의로 받아들이게 되는 정의, 책임 있는 행동에 관한 가치이다.

⑧ 심미적 가치

현실적으로 활용되면서도 비도덕적 가치가 함께하는 어떤 것이라고 할 수 있다.

3. 사회복지실천의 가치

1) 레비의 사회복지실천의 가치

레비(Levi)는 사회복지실천의 가치에 대해 사람 우선의 가치, 결과 우선의 가치, 수단우선의 가치 등의 세 가지로 분류하였다. 구체적인 내용을 살펴보면 다음과 같다(Levi, 1973; 양옥경 외, 2005 재인용).

① 사람 우선의 가치

이는 전문직 수행의 대상인 인간 자체에 대해 전문직이 갖추고 있어야 할 기본적 가치관이며 기본 철학과 같은 것이다. 개인의 가치와 존엄성, 개인의 건설적인 변화에 대한 능력과 욕구, 상호책임성, 소속의 욕구, 공통적인 인간의 욕구 그리고 개개인의 독특성에 대한 가치 등이 속한다.

② 결과 우선의 가치

이는 사람에 대해 서비스를 제공했을 때 초래하는 결과에 대한 가치관이다. 이는 사회가 개인의 발전을 위해 사회참여에 대한 기회를 동등하게 제공해야 한다는 사회적 책임에 대한 가치이다.

③ 수단우선의 가치

서비스를 수행하는 방법 및 수단과 도구에 대한 가치관이다. 인간의 자율성으로 요약될 수 있는 수단우선의 가치는 아마도 사회복지실천 과정에서 매우 중요하게 실천되어야 할 가치체계일 것이다.

2) 프리드랜더의 사회복지실천의 가치

프리랜드(Friedlander, 1980)는 사회복지실천의 기본가치를 개인존중의 원리, 자발성 존중의 원리, 기회균등의 원리, 사회연대성의 원리 등으로 제시하고 있다. 이는 인간으로서의 가치와 품위, 존엄 등을 가진 모든 사람이 무엇을 요구하고 그것을 어떻게 충족할 것인가의 결정 권리를 가지며, 균등한 기회를 제공받은 모든 사람은 자기 자신, 가족 및 사회 등에 대해 책임진다는 것이다. 이 밖에 잔여적 대책이 아닌 제도적 대책을 지향, 클라이언트와 전문적 관계, 사회적 · 경제적 정의 추구, 서비스의 사회적 책임성 지향 등을 기타의 가치로 제시하고 있다(이효선, 2003).

3) 재스트로의 사회복지실천의 가치

재스트로(Zastrow, 1995; 양정남 외, 2011 재인용)는 사회복지실천에서 일반적으로 중시되는 주요 가치들을 다음과 같이 제시하고 있다.

① 인간의 존엄성과 개인의 독특성을 존중

모든 인간은 가치체계, 성격, 삶의 목표, 경제적 자원, 정서적 · 신체적 능력, 자아개념, 가족관계 등 다양한 측면에서 독특한 존재이다. 사회복지사는 클라이언트 상황에 대한 독특성을 인정하고 존중해야 한다. 개별성은 사회복지실천의 기본가치이다. 클라이언트의 가치와 목적, 행동양상, 성격특성이 사회복지사와 유사하다면 상대적으로 수용하기 쉽다. 그러나 사회복지사의 입장에서 클라이언트의 행동을 수용하기 어려울 때 개별성을 인정하기는 쉽지 않다.

〈사례 1〉

다음과 같은 클라이언트의 경우 관계형성에 대해 생각해보자. 이러한 클라이언트를 어떻게 한 인간으로 존중할 것인가? 클라이언트와 전문적 관계형성에서 사회복지사의 능력에 영향을 미치는 가치와 감정들은 무엇인가?

1. 자신의 8세 친딸을 성폭행한 46세 아버지
2. 잠자고 있는 자신의 어머니를 살해한 15세 여학생
3. 중학생에게 마약을 판매하다 체포된 45세 남자
4. 남자친구와의 데이트를 위해 3세인 자신의 아기를 혼자 방에 가둔 30세 이혼녀

이러한 경우 일반적 지침은 클라이언트를 수용하고 존중하지만 클라이언트의 일탈행동은 변화되어야 한다. 클라이언트의 개별성의 인정은 사회복지실천과정에서도 중요한 역할을 한다.

② 자기결정권에 대한 클라이언트의 권리를 존중함

자기결정은 클라이언트가 사회복지실천과정의 참여여부를 결정하는 것이다. 자유선택과 자기결정을 방해하는 것은 치료관계를 손상시키고 클라이언트의 문제해결능력을 약화시킬 수 있다. 특히 클라이언트를 위해 사회복지사가 모든 결정을 한다면 클라이언트에게 의존성과 자기패배감을 가져올 수 있다. 자기결정의 의미는 클라이언트의 문제해결에 대한 책임이 클라이언트에게 있다는 것이다.

〈사례 2〉

이○○ 사회복지사는 외래치료센터에서 근무하는 약물상담사다. 클라이언트인 김 여인은 자신의 직장 상사에 의해 알코올센터로 의뢰되었다. 김 여인은 건설회사에 근무하고 2명의 자녀를 둔 결혼한 가정주부이다. 사회복지사는 세 번째 면담 후 그녀가 다른 남자와 바람을 피우고 있다는 사실을 알게 되었고, 여섯 번째 면담 후에는 결혼 16년 동안 수많은 남자들과 성적 행위를 해 왔다는 사실을 알게 되었다. 그러나 그녀는 자신의 행동에 대해 죄책감을 전혀 갖지 않았으며 사회복지사에게 도움을 요청하지도 않았다. 이○○ 사회복지사도 클라이언트와 비슷하게 결혼하여 두 아이를 둔 가정주부이며 일부일처제의 가치를 굳게 믿고 있다. 또한 결혼관계에서 개방적이고 정직한 의사소통은 중요한 가치이며 도덕적인 면을 중요하게 생각하고 있다. 따라서 사회복지사는 김 여인의 행동에 대해 상당히 수용하기 어렵다.

1. 위의 상황은 클라이언트와의 관계에서 개인적 갈등인가 아니면 전문적 갈등인가?
2. 클라이언트의 문란한 성생활이 자신의 회복에 미치는 영향은 어떠한가?
3. 클라이언트의 자기결정권과 관련하여 사회복지사로서 클라이언트와 전문적 관계를 어떻게 유지할 것인가?

③ 비밀보장

비밀보장은 전문가와 클라이언트 관계에서 전문가가 클라이언트 정보에 대한 비밀을 보장한다는 뜻이다. 비밀보장의 원칙으로 인하여 클라이언트의 동의 없이 노출하거나 피해가 있을 경우 전문가는 법적 제재를 받을 수 있다.

④ 기타의 가치들

- 잔여적 대책이 아닌 제도적 대책을 지향한다.
- 클라이언트와 전문적 관계를 맺는다.
- 사회적 경제적 정의를 추구한다.
- 서비스의 단위로 가족에게 초점을 둔다.
- 서비스의 사회적 책임성을 지향한다.

4) NASW의 사회복지전문직의 핵심가치

NASW는 사회복지전문직의 임무에 대한 핵심가치를 여섯 가지로 분류하였는데 구체적인 내용은 다음과 같다(http://www.socialworkers.org; Boyle et al., 2006; Long et al., 2006).

① 사람들에 대한 서비스(service)

사람들에 대한 서비스는 사회복지실천 전문직 업무를 특징짓는 핵심적인 가치라고 사회복지사들은 믿고 있다. 이는 모든 사회복지사들의 의무이며 이 가치에서 사회복지사의 1차적인 목적인 욕구를 가진 사람들을 도우며 사회문제들을 드러내 보이는 사회복지실천의 윤리적인 원칙도 나오게 된다.

② **사회정의**(social justice)

우리 사회에는 위험에 직면한 많은 집단과 사람들이 있다는 것은 경제적, 사회적 정의를 신장시키기 위한 사회변화 활동들을 사회복지사들이 추진해야 함을 의미한다. 이 가치로부터 나오는 윤리적 원칙은 그것이 있는 곳이 어디든 사회복지사들은 사회정의에 도전하는 것이다.

③ **개인의 존엄성 및 가치**(dignity and worth of the person)

모든 개인의 존엄과 가치는 사회복지사들이 사람들과 일을 하는 방식에서 실현되어야 하는 것이다. 우리는 개인들과 집단에서 차이와 다양성을 알아야 하며 모든 사람들은 그들의 능력을 개발할 수 있는 최대한의 기회를 가질 수 있도록 해 주어야 한다. 여기에서 나오는 윤리원칙은 개인의 존엄과 가치에 대한 존중이며 사회복지실천에서 클라이언트의 자기결정의 권리가 포함된다.

④ **인간관계의 중요성**(importance of human relationships)

사회복지사에게 사람들 간의 인간관계는 두 가지 면에서 매우 중요하다. 그 하나는 사람들이 성공적으로 삶을 살아가는 데 필요한 지지와 강점들이 이러한 관계에서 나오기 때문이며, 다른 하나는 사회복지실천이 클라이언트와 사회복지사 간의 원조관계를 전제로 하고 있기 때문이다. 여기에서 나오게 되는 윤리원칙은 인간관계의 중요성을 인식하는 것이다.

⑤ **정직성**(integrity)

사회복지사가 기본적으로 정직성을 가져야 한다는 것이다. 사회복지사는 클라이언트와 고용주에 대한 의무를 존중하는 윤리적인 실천을 해야 한다. 이러한 가치에서 나오게 되는 윤리적 원칙은 사회복지사가 신뢰받는 방식으로 일하는 것이다.

⑥ **능력**(competence)

능력이란 사회복지사가 가장 높은 수준의 지식과 기술 그리고 가치를 지니고 있어야 한다는 것을 의미한다. 가능하다면 사회복지사는 언제나 전문적 지식을 확충하는 방향으로 지혜를 모아야 한다. 여기에는 자신의 실천을 평가하고 연구발표나 워크숍, 논문을 통해서 동료들과 함께 결과를 공유하는 것이 포함된다. 이 가치에서 나오는 윤리적 원칙은 사회복지사는 그들의 능력 안에서 실천하며 그들의 전문성을 개발하고 신장시키는 것이다.

제2절 사회복지실천과 윤리

1. 윤리의 개념

윤리의 한자적 의미를 살펴보면 윤(倫)은 사람의 무리, 집단을 의미하고, 리(理)는 이치 혹은 도리라는 뜻이다. 또한 윤리는 영어로 'ethics'라고 하며 그리스어의 'ethos'에서 나온 관습의 의미로, 가치에서 비롯되나 무엇이 옳고 그른가를 판단해 주는 도덕적 지침이 된다(엄명용 외, 2011).

가치는 객관적으로 증명할 수 없고 주관적으로 선호하는 것으로, 인간이 적절한 행동을 선택하는 데 지침이나 기준이 된다. 어떤 현상을 객관적으로 설명하는 지식과는 반대로, 가치는 '이래야 된다, 저래야 된다'는 당위성을 이야기한다(Morales & Sheafor, 1986). 이러한 가치는 사회적으로 합의되어 윤리가 된다. 윤리는 인간이 살면서 지켜야 할 도덕적 원리이고, 사회윤리는 사람이 사회적 관계에서 지켜야 할 도리이다. 일반인의 윤리는 인간관계에서 개인이 그 사회의 도덕률과 가치에 기초해서 행하고 지켜야 할 의무를 규정한 것이다. 반면 전문가의 윤리는 특수한 역할의 입장, 즉 전문가 역할을 수행하면서 고려해야 할 특수한 의무다. 사회복지실천 윤리는 사회복지사의 실천이 도덕적으로 바른 방법이 될 수 있도록 규정한 지침이다. 이때 가치는 무엇이 좋고(good), 나쁜가(bad)와 관련되고, 윤리는 무엇이 옳고 그른가를 파악하는 기준이 된다.

[표 2-1] 가치와 윤리

가치	윤리
- 믿음, 신념 같은 것 - 무엇이 좋고 바람직한가와 관련된다. - 방향 제시 - 구체적인 실천을 지시하기보다 일반적으로 선호하는 더 폭넓은 사회의 가치를 반영	- 무엇이 맞고 옳은가 - 어떤 행동이 옳고 그름에 대한 판단 - 행동의 원칙이나 지침 제공 - 가치에서 나오기 때문에 가치와 조화를 이루어야 한다. - 판단

출처 : 사회복지교육연구센터(2014).

2. 사회복지실천에서 가치갈등과 윤리적 딜레마

사회복지사가 클라이언트를 원조하는 과정에서 겪을 수 있는 다양한 가치갈등의 유형을 다섯 가지로 나누어 살펴보면 다음과 같다(양옥경, 1993; 방미진 외, 2011).

1) 가치갈등

(1) 가치의 상충(competing values)

사회복지사가 자주 겪게 되는 딜레마는 두 개 이상의 가치가 상충되는 경우이다. 예를 들어, 인간존엄성과 자기결정의 원리 또는 비밀보장의 원칙과 사회적 가치 사이에서 윤리적 결정을 해야 하는 경우가 발생할 수 있다. 클라이언트의 반사회적 행위를 경찰에 신고해야 하는가를 선택해야 하는 경우가 이에 포함된다.

(2) 의무의 상충(competing loyalties)

사회복지사는 클라이언트, 동료, 전문직 자체, 기관 및 사회에 등에 대한 윤리적 의무 간 가치 상충 때문에 갈등을 경험할 수 있다. 예를 들어, 기관의 목표가 클라이언트의 이익과

3) 기타 예시

윤리적 딜레마의 다른 예로 다음과 같은 것들이 있다(제석봉 외 공역, 2006).

〈사례 5〉

1. 15세 소녀는 그동안 아버지가 자신을 학대해왔는데 최근 몇 주 동안 달라진 것처럼 보인다고 이야기한다. 그 소녀는 사회복지사에게 경찰에 신고하지 말 것을 요청한다. 그녀가 다른 사람에게 말했다는 것을 아버지가 알게 된다면 보복할 것이라고 말한다.
2. 17세 소녀가 사회복지사에게 부모님에게 알리지 않고 낙태를 할 수 있도록 도와달라고 말한다.
3. 고등학교 2학년 클라이언트가 아르바이트를 하면서 고용주의 돈을 훔쳐 여분의 수입을 올리고 있다고 말한다. 그런데 사회복지사는 클라이언트에게 첫 만남에서 그들의 대화를 모두 비밀로 할 것이라고 확신시켰다.

4. 윤리적 딜레마 해결을 위한 준거틀

1) 로웬버그와 돌고프의 윤리 원칙

로웬버그와 돌고프(Loewenberg & Dolgoff, 1996)는 윤리 원칙을 우선순위에 따라 일곱 가지로 분류하였는데 구체적인 내용을 살펴보면 다음과 같다.

(1) 생명보호의 원칙

인간의 생명보호는 클라이언트를 비롯한 모든 사람들에게 적용된다. 이 원칙은 다른 여러 의무나 원칙들에 우선하여 발생한다. 생명의 권리는 모든 권리 중에서 가장 기본적인 것이며, 만약 생명의 권리가 침해되면 어느 누구도 다른 권리를 누릴 수 없다.

(2) 평등과 불평등의 원칙

평등과 불평등의 원칙은 모든 사람들은 평등하게 처우되어야 하나, 사례의 특성에 따라 다르게 처우될 수도 있다는 것이다. 이 원칙이 적용되는 대표적 상황은 아동학대의 상황이다. 학대받은 아동은 성인과 동등한 위치에 있지 않기 때문에 학대상황이 비록 생과 사의 심각한 경우가 아니어도 학대하는 성인에 대한 비밀보장과 자율성의 원칙은 아동을 보호하는 의무에 비해 낮은 순위를 차지한다.

(3) 자율성과 자유의 원칙

사회복지사는 개인의 자율성과 독립성 그리고 자유를 신장시키는 실천적 결정을 해야 한다. 자유가 비록 매우 중요한 가치라 하여도 자신이나 다른 사람의 생명이 갖는 중요성보다 우선할 수 없다. 어떠한 결정을 하던 그것은 자신의 자율적 권리이지만, 자신 혹은 다른 사람을 해칠 수 있다는 주장은 그 어느 누구에게도 설득력이 없다. 어떤 사람이 이러한 결정을 하려 할 때 사회복지사는 이에 개입해야 할 의무가 있는데, 그 이유는 원칙 3보다 원칙 1이 앞서기 때문이다.

(4) 최소손실의 원칙

사회복지사는 항상 최소한의 손실, 즉 가장 쉽게 회복 가능한 손실이 초래될 수 있는 대안을 선택해야 한다.

(5) 삶의 질의 원칙

사회복지사는 지역사회뿐만 아니라 개인과 모든 사람들의 삶의 질을 보다 향상시키는 기회를 선택해야 한다.

(6) 사생활보호 및 비밀보장의 원칙

사회복지사는 모든 사람들의 사생활보호의 권리를 신장시키는 실천적 결정을 해야 한다. 비밀을 누설하지 않고 유지하는 것은 이 의무를 지킨 직접적 결과이다.

(7) 진실성과 정보개방의 원칙

사회복지사는 클라이언트와 다른 사람들에게 진실을 말하고, 필요시 모든 관련 정보를 충분히 개방하는 것을 허용하는 실천적 결정을 해야 한다.

[표 2-2] 윤리적 원칙의 순위

순위	원칙
1	생명보호의 원칙
2	평등과 불평등의 원칙
3	자율성과 자유의 원칙
4	최소손실의 원칙
5	삶의 질의 원칙
6	사생활보호 및 비밀보장의 원칙
7	진실성과 정보개방의 원칙

2) 매티슨의 윤리적 의사결정의 준거틀

매티슨(Mattison, 1977)이 제시한 윤리적 의사결정의 준거틀은 사회복지사가 윤리적 딜레마를 해결하는 데 쉽게 접근할 수 있도록 단계별 과정을 1단계~7단계로 상세히 설명하고 하고 있다. 구체적인 내용을 살펴보면 다음과 같다.

(1) 1단계 : 사례 이면의 사실과 사례의 세부 사항에 대한 수집 · 평가

윤리적 의사결정 과정은 사례의 세부 사항과 이면에 대한 이해로부터 시작한다. 사회복지사는 클라이언트와 클라이언트 체계에 관계하면서 특별히 사례 상황을 수집 · 평가해야 한다. 사실을 수집 · 평가하는 것은 결코 가치중립적인 과정은 아니다. 특정한 사실을 포함하거나 누락시키고 책임질 클라이언트를 누구로 결정할 것인가 등은 각각 의사결정자에 따라 다를 수 있다.

(2) 2단계 : 실천에 대한 고려와 윤리적 요소의 구분

사회복지사가 윤리적 딜레마의 요구에 얼마나 잘 응하는가는 윤리 문제를 사회복지실천상의 문제에서 구별하고 있는지, 사회복지사가 윤리적 문제를 고려하는 방법을 어떻게 배웠는지에 따라 달라진다. 실천에 대한 고려를 가치문제와 구별하지 않은 채, 사회복지사는 실천원리에 근거한 일련의 행동을 선택하는 위험을 감행한다. 실천에 대한 고려와 윤리적 고려 모두 의사결정자의 선택을 궁극적으로 정당화하기 위해서 평가되어야 한다.

(3) 3단계 : 가치갈등에 대한 확인

- 자기 결정권과 전문가 온정주의
- 비밀보장과 전문가의 의무상의 이유에 입각한 비밀 누설
- 법적 의무와 이성적으로 판단되는 '더 큰 선행'
- 기관 정책에 대한 책임과 자유재량에 의한 판단
- 클라이언트의 자기 결정권과 개인적 가치에 따라 이루어진 판단
- 개인의 권리와 가족 체계의 복지

(4) 4단계 : 사례에 영향을 미치는 윤리강령 원칙들의 확인

사회복지사는 책임져야 할 윤리적 기준을 이해하기 위해, 어떤 기준에서 자신의 행동이 판단될지 이해하기 위해 사회복지 윤리강령을 참조해야 한다.

(5) 5단계 : 가능한 행동 양식 결정

사회복지사는 주어진 사례에 관련된 법 · 규칙 · 정책, 혹은 각각의 잠재적 위험과 혜택을 동시에 고려하면서 가능한 행동 양식을 판단해야 한다. 윤리적 딜레마가 그려하듯, 어떤 가능한 행동 양식은 동시에 유익하기도 하고 해롭기도 한 결과를 낳는다. 의사결정자는 클라이언트 체계, 사회복지사, 더 넓은 사회에서의 유익과 해로움을 고려해야 한다.

(6) 어떤 의무가 우선적인지 평가하고 행동의 선택을 정당화함

의사결정자는 모든 수준에서 의무를 고려해 왔으며, 이제는 어떠한 우선순위와 의무, 가치를 다른 것보다 중시해야 할지 결정해야 한다. 궁극적으로 행동의 우선순위는 실천 원칙, 법적 임무, 유사한 성격의 사례에서의 다른 사회복지사의 경험과 기관 규칙 · 의무 수행 · 전문가의 온정주의, 의사결정자의 추측 · 편견 · 선호도, 기관 안에서의 사회복지사의 역할, 기타 사항에 대한 고찰 등에 근거할 수 있다. 의사결정자는 무슨 근거로 이러한 판단을 했는지에 대해 명확히 함으로써 행동의 선택을 정당화해야 한다.

(7) 7단계 해결과 반성

서로 경합하는 대안들 중에 어떤 가치, 윤리 원칙에 우선권을 두었는지를 보면서 사회복지사는 자신의 가치 선호도에 대해 알게 된다. 과거의 사례들을 현재의 윤리적 결정과 비교하면서 사회복지사가 사례들에 대한 자신들의 윤리적 의사결정을 평가할 때, 자신들의 대응 양상을 확인하게 될 것이다. 이러한 피드백은 사회복지사가 윤리적 딜레마에 대한 자신의 개별화된 접근 방법에 대해 깨닫게 하고, 미래의 의사결정을 예측할 수 있게 한다(김용환 외, 2013 재인용).

제3절 사회복지실천의 윤리강령

1. 미국사회사업가협회의 윤리강령

1) 서문

사회복지의 임무를 요약하고 핵심적 가치를 확인시키는 부분이다. 여기서 임무란 "인간의 복지를 향상시키고 모든 사람의 기본적 욕구 충족을 원조하며, 취약한 상태에 있고 억압을 받으며 빈곤에 놓여 있는 사람의 욕구와 임파워먼트에 특별한 관심을 가지는 것"으로 설명되어 있다. 그리고 핵심적 가치를 ① 서비스, ② 사회정의, ③ 인간의 존엄성과 가치존중, ④ 인간관계의 중요성, ⑤ 성실, ⑥ 능력 등의 차원에서 설명하고 있다.

2) 목적

이 부분에서는 다음과 같은 여섯 가지의 목적을 확인하고 있다.

① 기본적인 사회복지 가치의 확인
② 실천지침으로서의 광범위한 윤리적 원칙의 요약
③ 윤리적 딜레마를 다룰 때 고려해야 할 관련사항을 결정하는 데 원조를 제공
④ 전문적 책임성 차원에서 공공에게 대체적인 윤리적 표준을 제공
⑤ 전문직 내 임무, 목적, 윤리에 관해 신임실천가를 사회화시킴
⑥ 전문직 내 구성원의 행동을 평가하는 데 사용되는 구체적 표준의 명시

3) 윤리적 원칙

이 부분은 서문에서의 여섯 가지 핵심적 가치를 기본으로 하여 사회복지 윤리적 원칙을 ① 서비스, ② 사회정의, ③ 인간의 존엄성과 가치존중, ④ 인간관계의 중요성, ⑤ 성실성, ⑥ 능력 등으로 설명하고 있는데 구체적인 내용을 살펴보면 다음과 같다.

① 서비스

사회복지사의 첫째 목표는 욕구를 가진 사람을 원조하고, 사회문제를 해결하는 것이다. 사회복지사는 자신의 이익보다 다른 사람의 이익을 위해 서비스를 제공한다. 지식과 가치, 기술로 사람을 원조하고 사회문제를 해결하는 데 활용한다. 물질적 보상 없이 전문적 기술을 자발적으로 할애하도록 격려한다.

② 사회정의

사회복지사는 사회적 불의에 도전한다. 사회복지사는 취약하고 억압된 사람과 집단을 위하여 그들과 함께 사회적 변화를 추구한다. 사회복지사의 사회변화 노력은 우선적으로 빈곤, 실업, 차별, 기타 사회적 불의 문제에 초점을 둔다. 이러한 화동은 억압과 문화적이고 인종적인 차별성에 관한 지식과 감성을 증진시키기 위해 탐구한다. 사회복지사는 필요한 정보, 서비스, 자원 등에 접근하기 위해 노력하고, 모든 사람을 위해 의미 있는 의사결정에 참여하려고 노력한다.

③ 인간의 존엄성과 가치존중

사회복지사는 인간의 천부적인 존엄과 가치를 존중한다. 사회복지사는 각 개인을 개인적 차이와 문화적 · 인종의 차이를 고려하는 보호와 존중의 원칙으로 대한다. 사회복지사는 클라이언트의 책임 있는 자아 결정을 증진한다. 사회복지사는 클라이언트의 욕구를 변화시키고 해결하는 기회와 능력을 향상하기 위해 노력한다. 그리고 사회복지사는 클라이언트와 다른 사회집단에 대한 그들의 이원적인 책임을 인지한다. 그들은 가치와 윤리적 원칙, 전문직의 윤리적 기준을 구성하는 사회적으로 책임 있는 태도로 클라이언트의 이익과 사회이

익 사이의 갈등을 해결하려 한다.

④ 인간관계의 중요성

사회복지사는 인간관계의 중요성을 인식한다. 사회복지사는 사람 사이의 관계가 변화를 위한 중요한 매개체라는 것을 이해한다. 사회복지사는 원조과정에서 동반자로서 관여한다. 사회복지사는 개인과 가족, 사회집단, 조직, 지역사회의 복지를 증진, 개혁, 유지, 향상시키기 위한 목적 있는 노력으로 사람 사이의 관계를 강화하려 노력한다.

⑤ 성실성

사회복지사는 통합하려는 태도로 행동한다. 사회복지사는 끊임없이 전문직의 사명, 가치, 윤리원칙, 윤리기준 등을 인식하고, 그것들을 일치시키는 태도로 실천한다. 사회복지사는 정직하고 책임감 있게 행동하고, 그들이 속한 기관의 부분에서 윤리적 실천을 증진한다.

⑥ 능력

사회복지사는 능력의 범위에서 실천하고, 그들의 직업적 전문성을 증진하고 발전시킨다. 사회복지사는 끊임없이 전문지식과 기술을 증진시키려 노력하고, 그것을 실천에 적용시키려 노력한다. 사회복지사는 전문직의 기본지식에 이바지하려 노력한다.

4) 윤리적 기준

이 부분은 가장 광범위한 내용을 다루고 있는데, 여섯 가지의 주요 범주 아래 무려 155개의 구체적 원칙이 분류되어 있다. 이들은 사회복지사의 ① 클라이언트에 대한 윤리적 책임, ② 동료에 대한 윤리적 책임, ③ 실천의 장에서의 윤리적 책임, ④ 전문가로서의 책임, ⑤ 사회복지전문직에 대한 책임, ⑥ 사회에 대한 책임 등에 대한 내용을 포함하고 있다.

2. 한국사회복지사협회의 윤리강령

1) 서문

서문은 사회복지의 이념, 전문직의 사명과 핵심가치를 제시하고 있다.

① 인본주의 · 평등주의 사상에 기초하며, 사회정의와 평등 · 자유와 민주주의 가치 존중한다.
② 모든 인간의 존엄성과 가치를 존중, 자유권과 생존권의 보장활동에 헌신한다.
③ 클라이언트의 사회적 지위와 기능을 향상시키기 위해 클라이언트와 함께 일하며, 사회제도 개선과 관련된 제반 활동에 주도적으로 참여한다.
④ 클라이언트의 주체성과 자기결정권을 보장하는 데 최선을 다하고, 부당하게 희생되는 일이 없도록 한다.
⑤ 사회복지사는 전문적 지식과 기술을 개발하고, 사회적 가치를 실현하는 전문가로서의 능력과 품위를 유지하기 위해 노력한다.

2) 사회복지사의 기본적 윤리기준

(1) 전문가로서의 자세

① 사회복지사는 전문가로서의 품위와 자질을 유지하고, 자신이 맡고 있는 업무에 대해 책임진다.
② 사회복지사는 클라이언트의 종교 · 성별 · 연령 · 국적 · 결혼상태 · 성 취향 · 경제적 지위 · 정치적 신념 · 정신, 신체적 장애 · 기타 개인적 선호, 특징, 조건, 지위를 이유로 차별대우하지 않는다.
③ 사회복지사는 전문가로서 성실하고 공정하게 업무를 수행하며, 이 과정에서 어떠한 부당한 압력에도 타협하지 않는다.
④ 사회복지사는 사회정의 실현과 클라이언트의 복지증진에 헌신하며, 이를 위한 환경

조성을 국가와 사회에 요구해야 한다.

⑤ 사회복지사는 전문적 가치와 판단에 따라 업무를 수행함에 있어, 기관 내외로부터 부당한 간섭이나 압력을 받지 않는다.

⑥ 사회복지사는 자신의 이익을 위해 사회복지전문직의 가치와 권위를 훼손해서는 안 된다.

⑦ 사회복지사는 한국사회복지사협회 등 전문가단체 활동에 적극 참여하여, 사회정의 실현과 사회복지사의 권익옹호를 위해 노력해야 한다.

(2) 전문성 개발을 위한 노력

① 사회복지사는 클라이언트에게 최상의 서비스를 제공하기 위해, 지식과 기술을 개발하는 데 최선을 다하며 이를 활용하고 전파할 책임이 있다.

② 클라이언트를 대상으로 연구하는 사회복지사는 그들의 권리를 보장하기 위해, 자발적이고 고지된 동의를 얻어야 한다.

③ 연구과정에서 얻은 정보는 비밀보장의 원칙에서 다루어져야 하고, 이 과정에서 클라이언트는 신체적 · 정신적 불편이나 위험 · 위해 등으로부터 보호되어야 한다.

④ 사회복지사는 전문성을 계발하기 위해 노력하되, 이를 이유로 서비스의 제공을 소홀히 해서는 안 된다.

⑤ 사회복지사는 한국사회복지사협회 등이 실시하는 제반교육에 적극 참여해야 한다.

(3) 경제적 이득에 대한 태도

① 사회복지사는 클라이언트의 지불능력에 상관없이 서비스를 제공해야 하고, 이를 이유로 차별대우를 해서는 안 된다.

② 사회복지사는 필요한 경우에 제공된 서비스에 대해 공정하고 합리적으로 이용료를 책정해야 한다.

③ 사회복지사는 업무와 관련하여 정당하지 않은 방법으로 경제적 이득을 취하여서는 안 된다.

3) 사회복지사의 클라이언트에 대한 윤리기준

(1) 클라이언트와의 관계

① 사회복지사는 클라이언트의 권익옹호를 최우선의 가치로 삼고 행동한다.

② 사회복지사는 클라이언트에 대한 인간으로서의 존엄성을 존중해야 하며, 전문적 기술과 능력을 최대한 발휘한다.

③ 사회복지사는 클라이언트가 자기결정권을 최대한 행사할 수 있도록 도와야 하며, 그들의 이익을 최대한 대변해야 한다.

④ 사회복지사는 클라이언트의 사생활을 존중하고 보호하며, 직무수행과정에서 얻은 정보에 대해 철저하게 비밀을 유지해야 한다.

⑤ 사회복지사는 클라이언트가 받는 서비스의 범위와 내용에 대해 정확하고 충분한 정보를 제공함으로써 알 권리를 인정하고 존중해야 한다.

⑥ 사회복지사는 문서와 사진 및 컴퓨터 파일 등의 형태로 된 클라이언트의 정보에 대해 비밀보장의 한계, 정보를 얻어야 하는 목적 및 활용에 대해 구체적으로 알려야 하며, 정보공개 시에는 동의를 얻어야 한다.

⑦ 사회복지사는 개인적 이익을 위해 클라이언트와의 전문적 관계를 이용해서는 안 된다.

⑧ 사회복지사는 어떠한 상황에서도 클라이언트와 부적절한 성적 관계를 가져서는 안 된다.

⑨ 사회복지사는 사회복지증진을 위한 환경조성에 클라이언트를 동반자로 인정하고 함께 일해야 한다.

(2) 동료의 클라이언트와의 관계

① 사회복지사는 적법하고도 적절한 논의 없이 동료 혹은 다른 기관의 클라이언트와 전문적 관계를 맺어서는 안 된다.

② 사회복지사는 긴급한 사정으로 인해 동료의 클라이언트를 맡게 된 경우, 자신의 의뢰인처럼 관심을 갖고 서비스를 제공한다.

4) 사회복지사의 동료에 대한 윤리기준

(1) 동료

① 사회복지사는 존중과 신뢰로서 동료를 대하며, 전문가로서의 지위와 인격을 훼손하는 언행을 하지 않는다.

② 사회복지사는 사회복지전문직의 이익과 권익을 증진시키기 위해 동료와 협력해야 한다.

③ 사회복지사는 동료의 윤리적이고 전문적인 행위를 촉진시켜야 하며, 이에 반하는 경우에는 제반 법률규정이나 윤리기준에 따라 대처해야 한다.

④ 사회복지사가 전문적인 판단과 실천이 미흡하며 문제를 야기했을 때에는, 적절한 조치를 취하여 클라이언트의 이익을 보호해야 한다.

⑤ 사회복지사는 전문직 내 다른 구성원이 행한 비윤리적 행위에 대해 제반 법률규정이나 윤리기준에 따라 조치를 취해야 한다.

⑥ 사회복지사는 동료 및 기타 전문직 동료의 직무 가치와 내용을 인정 · 이해하며, 상호 간에 민주적인 직무관계를 이루도록 노력해야 한다.

(2) 슈퍼바이저

① 슈퍼바이저는 개인적인 이익의 추구를 위해 자신의 지위를 이용해서는 안 된다.

② 슈퍼바이저는 전문직 기준에 의해 공정하게 책임을 수행하며, 사회복지사 · 수련생 및 실습생에 대한 평가를 공유해야 한다.

③ 사회복지사는 슈퍼바이저의 전문적 지도와 조언을 존중해야 하며, 슈퍼바이저는 사회복지사의 전문적 업무수행을 도와야 한다.

④ 슈퍼바이저는 사회복지사 · 수련생 및 실습생에 대해 인격적 · 성적으로 수치심을 주는 행위를 해서는 안 된다.

5) 사회복지사의 사회에 대한 윤리기준

① 사회복지사는 인권존중과 인간평등을 위해 헌신해야 하며, 사회적 약자를 옹호하고

대변하는 일을 주도해야 한다.

② 사회복지사는 필요한 사회서비스를 개발하기 위한 사회정책의 수립 · 발전 · 입법 · 집행에 적극적으로 참여하고 지원해야 한다.

③ 사회복지사는 사회환경을 개선하고 사회정의를 증진시키기 위한 사회정책의 수렴 · 발전 · 입법 · 집행을 요구하고 옹호해야 한다.

④ 사회복지사는 자신이 일하는 지역사회의 문제를 이해하고, 그것을 해결하는 일에 적극적으로 참여해야 한다.

6) 사회복지사의 기관에 대한 윤리기준

① 사회복지사는 기관의 정책과 사업목표의 달성 · 서비스의 효율성과 효과성의 증진을 위해 노력함으로써, 클라이언트에게 이익이 되도록 해야 한다.

② 사회복지사는 기관의 부당한 정책이나 요구에 대하여, 전문직의 가치와 지식을 근거로 이에 대응하고 즉시 사회복지윤리위원회에 보고해야 한다.

③ 사회복지사는 소속기관 활동에 적극 참여함으로써, 기관의 성장 · 발전을 위해 노력해야 한다.

7) 사회복지윤리위원회의 구성과 운영

① 한국사회복지협의회는 사회복지윤리위원회를 구성하여, 사회복지윤리실천의 질적인 향상을 도모하여야 한다.

② 사회복지윤리위원회는 윤리강령을 위배하거나 침해하는 행위를 접수받아, 공식적인 절차를 통해 대처하여야 한다.

③ 사회복지사는 한국사회복지사협회의 윤리적 권고와 결정을 존중하여야 한다.

참고문헌

고미영 외(2002). 사회복지실천의 가치와 윤리. Frederic G. Reamer(1999). Social work values and ethics(2nd ed.). 사회복지실천연구소.

김용환 외(2013). 사회복지실천론. 동문사.

김혜영 외(2012). 사회복지실천론. 공동체.

방미진 외(2011). 사회복지실천론. 나눔의집.

사회복지교육연구센터(2014). 사회복지실천론. 나눔의집.

양옥경(1993). 사회복지실천과 윤리. 한울아카데미.

양옥경 외(2005). 사회복지실천론(3판). 나남출판.

양정남 외(2011). 사회복지실천론(3판). 양서원.

엄명용 외(2011). 사회복지실천의 이해. 학지사.

이효선(2003). 사회복지 윤리와 철학의 이해. 학지사.

전재일(1981). 사회사업실제에 있어서 가치관, 사회복지연구. 한사대학 사회복지연구소, 제9집, 107-138.

제석봉 외(2006). 사회복지상담심리학. Bob Shebib 저. Choices : Counseling Skills for Social Workers and Other Professionals. 학지사.

조휘일 외(2009). 사회복지실천론. 학지사.

Bartlett(1970). The Common Base of Social Work Practice, New York : National Association of Social Workers.

Bolye, S. W., Hull, Jr., G. H., Mather, J. H., Smith, L. & Farely, O. W.(2006). Direct Practice in Social Work. Boston Pearson.

Friedlander, W.A. & Apte, R. Z.(1980). Introduction to social welfare. Frentice-Hall.

Goldstein, H.(1973). Social work : A unitary approach. Columbia, S. C. : University of South Carolina Press.

Hill & O'Brien, M.(2001). Helping Skills. 주은선 역(2001). 상담의 기술. 학지사.

Johnson, L. C., & Yanca, S. J.(2007). Social Work Practice : A Generalist Approach(8th eds). Boston : Pearson Education, Inc.

Long, Dennis D., Tice, Carolyn J., Morrison, John D.(2006). Macro Social Work Practice : A Strengths Perspective, Belmont, CA : Thomson brooks/Cole.

Lowenberg. F. & Dolgoff, R.(1996). Ethical Decision for Social Work Practice. F. E. Peacock Publishers, Inc.

Morales, A. & Sheafor, B. A.(1986). Social Work(4th Ed.). Allyn & Bacon, Inc.

Reamer, Frederic G.(1999). Social Work Values and Ethics. New York : Columbia University Press.

Rescher, Nicholas.(1969). Introduction to Value Theory. Englewood Cliffs, N.J. : Prentice Hall.

Williams, R. M., Jr.(1967). Psychological applied to modern life, 6th ed., Belmont, CA : Wadsworth.

Zastrow, C.(1995). The practice of social work(5th ed.). Pacific Grove, CA : Brooks/Cole Publishing Co.

제 3 장

사회복지실천의 역사

제1절 영국 사회복지실천의 역사

사회복지실천의 시작 배경은 영국에서 1601년에 제정된 엘리자베스 구빈법에 그 기원을 둘 수 있다. 엘리자베스 여왕의 구빈법 제정 이전에는 빈곤층에 대한 원조가 이루어졌다. 이 구빈법은 제정 이후 사회질서를 유지하려는 사회 통제적 성격이 강한 법령으로 영국은 산업혁명으로 인한 자선조직협회와 인보관운동의 발달은 현재의 사회복지실천의 이론화 및 방법의 체계화가 발달에 큰 영향을 미쳤다(도광조, 2008).

1. 전문 사회복지실천의 출현기(19세기 말 ~ 1900)

전문직으로서 사회복지실천의 발달은 일반적으로 18세기 후반부터 19세기에 걸쳐 본격화된 산업혁명 이후 영국사회는 질병, 빈곤, 범죄, 비행증가 등과 같은 사회문제가 대량으로 발생하게 됨에 따라 구빈법(1601)에 의한 공적 구빈사업만으로 수많은 사회문제를 처리하는 것은 불가능한 일이었다. 이에 대응하기 위해 개인이나 민간차원의 자선사업과 박애사업이 시작되었고, 인도주의적 사회개량사상과 연계된 복지가 발달하기 시작했다(이영분 외, 2002).

19세기 말에 대도시를 중심으로 자선조직협회와 인보관운동이 활발하게 전개됨으로써 전문적 사회복지실천이 출현하게 된다.

1) 자선조직협회(C. O. S)

영국의 첫 자선조직협회가 1869년 런던에 설립되었었다. 이 시기의 자선조직협회원들은 주로 자원봉사자로서 '우애방문자(friendly visitors)'라고 불렀다. 이들은 주로 중산층의 부인들로 구성되었으며, 빈곤가족을 방문하여 가정생활지도, 아동교육, 가계경제를 지원한 원조 형태이다.

자선조직협회의 주된 기능은 구제신청자에 대한 과학적이고 면밀한 조사, 구제중복을 피하고 효율적 구제활동을 전개하기 위한 구제등록의 실시, 여러 구제기능 간의 조정 등을 실시하였다. 이러한 활동은 후에 개별사회사업 실천기술의 기초가 되었고, 사회복지 조사 및 지역사회실천 활동의 뿌리가 되었다.

1990년대에 이르러서는 이들 자원봉사자는 점차 보수를 받는 정식 직원으로 대치되었다(양정남 외, 2014).

2) 인보관운동(S. H. M)

인보관운동은 사회개혁운동으로서 빈민가 사람의 생활개선을 목표로 시작되었다.

이 운동은 1854년 영국의 케임브리지대학교와 옥스퍼드대학교의 학생들이 주축이 되어 사회개량운동에 참여하여 지역사회문제를 직접 확인하며 활동을 전개하였다(함세남 외, 2001). 바네트(Samuel Barnett) 목사는 빈민가에의 생활경험을 통해 빈곤은 경제적 문제라기보다는 정신적 문제이므로, 교육을 통해 빈민 자신 스스로 변화시켜야만 가난에서 벗어날 수 있다는 확신을 가지게 되었다.

인보관운동은 1884년 런던의 동부 빈민지역에 건립된 토인비 홀(Toynbee Hall)은 세계 최초의 지역사회복지관(community welfare center)이다. 토인비 홀의 목적은 다음과 같다.

첫째, 빈민들을 위한 교육과 문화개발
둘째, 인보관 거주자들과 학생들에게 빈민들의 생활조건과 사회개혁의 필요성 정보 제공
셋째, 사회문제, 건강문제, 사회입법 등 관심 집중

[표 3-1] 자선조직협회와 인보관운동의 비교

구분	자선조직협회	인보관
공통점	민간의 빈민구호 활동	
주된 참여층	신흥자본가	교수, 엘리트 청년, 지식층
빈곤 원인	나태, 구걸 근성 등 개인 책임	열악한 주거환경 및 사회구조
주요 사상	사회진화론	사회개혁론, 기독교사회주의
주요 활동 방향	중복구제방지 및 자선활동의 조정 환경조사	빈민의 교육과 문화발전 새로운 서비스 개발
사회복지실천에 미친 영향	개별사회사업, 지역사회조직사업, 사례관리	집단사회사업, 임파워먼트 지역사회조직사업

출처 : 이은희 외(2014).

2. 전문사회복지실천의 성장기(1900년 전, 후 ~ 1920년 전, 후)

사회복지실천이 봉사의 형태에서 전문직으로서의 인가는 보수체계의 정립과 교육 및 훈련제도의 확립이라는 두 가지 맥락에서 이루어진다(Dolgoff et al., 1997).

이러한 면에서 볼 때, 자선조직협회 유급 종사자들은 그들의 책임성이 높아짐과 동시에 그 기능과 활동영역 역시 넓어졌고 전문직으로의 전환의 계기가 되었다고 할 수 있다. 이 시기는 전문적 사회복지실천이론이 전문적 특수 영역으로의 확대라는 차원에서 전문직으로서 성장하는 시기였다고 할 수 있다. 현대의 슈퍼바이저 역할에 해당한다.

3. 사회복지실천의 전문적 분화기(1920년 전, 후 ~ 1950년 전, 후)

1920년까지 사회복지실천이 점차 전문직으로서의 기틀을 다지면서 성장을 이루었다. 이

분화기는 사회복지실천의 이론적 · 방법론적 발달이 각 영역별로 분화되어 발전하는 시기로 개별사회사업의 발달, 집단사회사업의 발달, 지역사회조직사업의 발달로 다음과 같이 설명하였다(양정남 외, 2014).

1) 개별사회사업의 발달

1920년대 사회 전반에 영향을 미친 프로이트의 정신분석학은 사회복지실천에 있어서도 개인의 내적 성격구조 분석을 강조하는 심리학적 조류를 형성하게 되었다. 개별사회사업의 두 가지 주요 접근방법은 다음과 같다.

① 진단주의

진단주의는 프로이트 정신분석학의 개념과 방법의 영향을 적극적으로 도입했다. 이들은 클라이언트의 문제를 개인 내적 정신과정으로 무의식, 전이, 저항과 같은 개념들을 기초로 접근하였다. 이후 이 이론은 해밀턴(Hamilton)의 저서 『개별사회사업의 이론과 실제』(1940)에서 이론적으로 정립하는 데 많은 영향을 미쳤다. 또한 홀리스(Hollis)에 의해 "심리사회적 모델"로 체계화되어 현대 사회복지실천모델의 하나로 발전하게 되었다.

② 기능주의

1930년대 대공황과 대량 빈곤문제로 기능주의 접근이 등장하게 되는데, 기능주의는 신프로이트 학파 오토 랭크(Otto Rank, 1939)의 이론을 기반으로 하고 있다. 이들은 프로이트의 결정론적이고 기계론적인 관점에 정면으로 도전하여 인간을 성장가능성이 있는, 창조적이며 자신의 문제해결과 성장을 위해 선택할 수 있는 존재로서 접근하였다.

원조라는 용어를 사용하였으며 시간과 장소와 원조과정의 구조화를 통하여 기관의 기능을 제공하려고 하였다. 대표자로는 로빈슨(Robinson)과 태프트(Jessy Taft)가 있으며, 사회복지의 관점을 '의료모델'에서 '생활모델'로 전환시켰다.

[표 3-2] 진단주의와 기능주의 비교

구분	진단주의	기능주의
인간을 움직이는 기제	무의식, 저항	개인의 의지, 자유의지
인간성의 이해	질병의 심리학	성장의 심리학
원조의 방향	초기 아동기 생육사의 진단 등을 통한 클라이언트의 자아 힘 강화	사회복지사가 속한 기관의 기능을 클라이언트가 활용함으로써 클라이언트 스스로의 자아 전개를 강조
대표 학자	고든, 메리 리치몬드	오토 랭크, 스멀리

출처 : 이은희 외(2014).

2) 집단사회사업의 발달

1920년대에 접어들어 집단사회사업 전문교육이 시작되었다. 1930년대 들어와서는 사회복지실천방법론 중 하나로 인정받게 되었다. 1945년 이후에는 정신병원, 아동상담소 등에서 집단사회사업가들은 집단을 치료목적으로 활용하는 경우가 늘어나기 시작하였다.

3) 지역사회조직의 발달

지역사회조직은 대공황으로 민간사회사업은 한계를 드러냈고 국가가 설립하면서 공공기관에서 활동하는 사회복지사의 수가 늘어나고, 1920년부터 지역사회실천으로 전환하는 계기가 마련되었다.

4. 사회복지실천의 통합기(1950년 전, 후~1970년 전, 후)

대공황 극복 이후 1940년대 제2차 세계대전을 거치면서 사회복지실천은 매우 다원화된 이론적 패러다임으로 발전하게 된다. 즉 1950년대는 사회복지실천의 이론적인 면이나 전문직 활동의 측면에서 통합을 추구한 시기이다. 이 시기에는 새로운 문제들이 나타나면서 새로운 클라이언트 집단들이 등장하게 되었고, 이로 인해 새로운 서비스가 개발되면서 기존의 방법을 새로운 방법에 사용하는 등 이론적 개발이 풍성한 시기였다.

1960년대에서 1970년대는 NASW 설립 이래 사회복지방법론의 통합화에 가장 많은 관심을 기울였던 시기로써, '사회복지실천'이라는 용어가 일반화되기 시작했다.

개별사회사업, 집단사회사업, 지역사회조직사업의 세 가지 방법이 절충적으로 사용되면서 사회행동, 조사, 관리행동계획, 정책론을 포함한 거시적 방향으로의 발전이 요구되었다. 이러한 방향은 클라이언트의 생활에 대한 이해와 필요한 서비스를 조정해 주는 사례관리나 자조집단 활동의 지원을 포함한 사회적지지망 형성 등 미시적 수준의 원조와 거시적 수준의 원조를 통한 새로운 영역으로 넓히고 있다.

[표 3-3] 사회복지통합이론

학자	사회복지통합이론
핀거스와 미나한의 4체계 모델	네 가지 체계를 통해서 포괄적인 관점에서 클라이언트체계를 사정할 수 있는 기초를 제공한다.
골드스타인의 단일화 모델	사회학습에 관한 사회복지사의 기능과 자원 확보 및 활용능력을 통해 사회변화가 가능함을 강조하고 있다.
콤튼과 갤러웨이의 문제해결과정 모델	문제해결 자체보다 과정이나 단계에서의 활동에 중점을 두었다.
저메인과 기터만의 생활 모델	개인과 환경에 동시적 초점을 제공하며, 문제, 개인적 장애뿐만 아니라 생활과의 맥락 속에서 파악하는 통합적 관점을 취한다.

출처 : 강선경 외(2014).

5. 사회복지실천의 다양화 및 확장기(1970년대 ~ 현재)

1970년부터는 행동주의 모델, 위기개입 모델, 과제중심 모델 등 새로운 사회복지실천 모델의 이론들이 나타나기 시작하였다.

1990년대의 사회복지 분야는 복지예산 삭감 및 사회복지서비스 축소에 대한 압력, 사회복지서비스의 민영화 등 보수주의적 경향이 뚜렷이 나타났다.

1990년대 초반 권한부여와 역량강화에 대한 모델이 등장하여 사회복지실천에 지대한 영향을 미쳐왔다. 21세기는 다시 '환경 속의 인간'이 강조되면서 광범위한 접근이 사회복지실천에서 강조되고 있으며, 여러 다양한 집단에게 필요한 개입기술과 개입모델 개발에 관한 것들이 논의되고 있다. 또한 사회복지사들은 '다양성을 포용하는 사회복지실천'을 위해 문화적 유능성이라는 개념을 발전시키게 되었다(나동석 외, 2014).

현재 복지개혁 7대원칙에 초점을 둔 영국에서 전문가들의 분석을 살펴보면, 영국은 2008년 미국발 금융위기 때 주력산업인 금융서비스 부문이 타격을 입으면서 구제금융에 막대한 돈이 투입, 재정적자로 나라가 휘청거리게 되었다. 그러나 재정을 악화시킨 근본 원인을 찾기 위해 1940년대로까지 올라가 보면, 복지시스템 설계의 잘못에서 발생한 것으로 분석하고 있다.

데이비드 캐머런(David Cameron, 보수당)의 일자리복지 7대 복지개혁 원칙은 다음과 같다.

첫째, 일자리를 가진 사람이 더 많은 혜택을 받는다는 인식을 심어준다.
둘째, 근로에 대한 보상과 인센티브를 개선시켜 빈곤층을 노동시장에 참여시킨다.
셋째, 복지 수혜자들에 대한 수당 지급을 공정하게 해야 한다.
넷째, 빈곤 아동과 무직가구 수를 줄인다.
다섯째, 복지수당 수급 자격을 강화하고 저소득층의 저축 증대를 이끌어낸다.
여섯째, 복지수당 수급 시스템을 개선해 과다 급여 폐해를 막는다.
일곱째, 복지 지출을 재정이 감당할 수 있는 범위 내에서 제한한다.

제2절 미국 사회복지실천의 역사

1. 1920년대 이전 사회복지실천

1) 자선조직협회

산업혁명 이후 미국은 자본주의가 형성되고 발전하였다. 19세기에 이르러 신흥 자본가 계급에서는 누구나 신분제약만 없다면 자유롭게 부를 축적하고 이상 사회를 건설할 수 있다고 생각을 가지게 된다.

그러나 개인 간의 경제활동에서 유토피아적인 기능이 가능하도록 한 국가에서는 그 결과 부익부, 빈익빈이 심화되고, 빈곤과 빈부격차로 인한 각종 사회문제가 발생하게 되었다. 이러한 사회적 분위기 속에서 당시 국가부조인 구빈법에 대한 비판이 일어났고, 개인의 자유를 침해한다고 생각하기에 이르렀으며 민간자선을 선호하게 되었다.

사회복지실천영역은 전통적인 박애활동 및 자선의 형태에서 벗어나 보다 현실적이고 체계적인 방법으로 사회문제 또는 사회적 고통에 대처하기 위한 방안을 찾아내고자 시작되었으며, 1800년대 후반에 들어서면서 민간 구제기관들의 활동목적은 실업자, 빈민, 환자, 정신 및 신체장애인, 고아 등을 돕는 것이었다. 이들 기관의 활동은 중복되기도 하였는데 1877년 12월 뉴욕 버펄로에서 영국 출신의 스티븐 험프리 구틴 목사가 자선조직협회 설립을 제안하여 가치 있는 빈민구호기관을 시작하였다. 그리고 우애방문자들의 활동은 빈곤계층 대해서 사회복지실천 방법론의 발전에 상당한 기여를 하였다. 즉, 우애방문자의 가정방문, 면담, 기록, 분석 등의 활동은 개별사회복지실천으로 대체되어 점차 전문화되었다.

2) 인보관 운동

인보관 운동은 사회개혁운동으로서 서로가 서로에게 영향을 주고받으면서 서로의 문제를 유용하게 해결하는 방향으로 조직화하여 지역사회운동의 거점이 되었다.

미국 최초의 인보관은 1886년 코이트가 뉴욕에 세운 근린길드(Neighborhood Guild)이다.

1889년 제인 애덤스(Jane Adams)는 시카고에서 헐 하우스(Hull House)를 설립하였으며, 영성적 목적보다는 사회변화에 초점을 두고 있었다.

인보관은 집단사회복지실천의 효시이며 지역사회복지의 하나의 모델로 간주되며, 연구와 조사를 통해 사회제도를 개혁해야 한다는 3R, 즉 거주(Residence), 연구조사(Research), 개혁(Reform)을 강조하였다.

인보관 운동의 사회복지사들은 사회개혁가로 스스로를 간주하며 계층 간의 간격을 줄이고, 치료보다는 예방을 강조하였으며, 빈곤지역에서 가난한 이웃과 함께하면서 사회조건을 개선하기 위해 노력하였다. 또한 탁아프로그램, 의료 클리닉뿐 아니라 아동노동법, 여성노동법 등에도 기여하게 되었다(김경우 외, 2013).

3) 전문적 교육의 등장

사회복지실천의 전문적 교육은 1898년 뉴욕자선조직협회의 후원하에 공식적으로 시작되었다. 이 시기에 사회복지실천 교육과 훈련체계의 도입, 여러 분야에서 전문적 활동 전개, 전문적 지식과 기술의 이론화 작업 등 전문직으로서의 기반을 갖추기 시작하였다.

그러나 한편으로는 사회복지 전문직에 대한 강한 도전에 직면하였던 시기이기도 하다. 뉴욕자선조직협회에 의하여 1898년 미국 최초의 사회복지전문인격 훈련과정이 뉴욕자선학교의 후원을 받아 6주 과정의 박애사업 계절학교를 개설하였고, 1903년 그레이엄 테일러(Graham Taylor)의 시카고 시정참여 및 박애학교 개설과 1904년 에드워드 드바인(Edward Devine)의 1년 과정의 뉴욕박애학교 개설, 하버드대학교와 시몬스대학(simmons College) 공동으로 리처드슨 브래켓(Richardson Bracket), 보스턴사회사업학교를 개설하였다.

1910년에는 2년 과정의 뉴욕자선학교를 개설하였다. 2년 정규과정 교육을 위해 1919년까지 전문사회복지학교 17개가 설립되었다. 그중 12개는 대학 내에 설립되면서 전문화된 교육훈련 체계가 마련되었다.

1915년대 사회복지사들은 새로운 전문직으로서의 자신감을 갖기 시작하였다. 즉, 의학교육의 비평가인 아브라함 플렉스너(Abraham Flexner)를 초청하였고, 전국 자선 교정회의 위원회에서 '사회복지실천이 전문직인가' 하는 강연을 하였다. 이 강연에서 사회복지실천이 전문직의 일반적 특성을 가지고 있긴 하지만 사회복지의 경계와 목적이 지나치게 광범위하고 과학적 지식에 기반하고 있지 않기 때문에 전문직이 아니라고 단언하였다.

사회복지실천이 전문직으로 발달하는 전체 과정에서 지속적으로 논의될 정도로 지대한 영향을 미쳤다.

2. 1921년~1936년대 사회복지실천

1920년대 이후 프로이트(Freud)의 정신분석이 사회복지실천에 상당한 영향력을 미쳤다. 이 시기는 사회적 상황을 강조했던 이전의 시기와는 달리 사회복지사들은 클라이언트의 개인적 경험을 잘 이해하고 나아가 치료가 되도록 하기 위해서 서로 간의 의미 있는 상호작용이 매우 중요하며, 이러한 상호작용이 경험의 공유로 인식되는 경향을 보인다. 즉, 가치와 의미에서 더 관심을 두었으며, 면담도 중요한 수단으로 사정 또는 진단도 더욱 체계화되었다. 오늘날 사회복지실천에 미친 영향이 크다고 할 것이다.

1930년대는 사회복지전문직의 이론 및 실천적 측면의 분화기로 볼 수 있다. 개별사회사업 내에서 진단주의와 기능주의 접근이 발전하였고, 집단사회사업과 지역사회조직이 사회복지실천의 방법론으로 인식되기 시작하였다. 1931년 호지슨(Hodgson)은 자선이 아니라 권리의 차원에서 주어지는 연방실업구제 요청으로 공개서한을 발송하였고, 1933년 NASW는 초기 연방구제프로그램 중 연방긴급구제법으로 연방보조의 시대를 열고 지방구호 행정에 사회복지사 고용 규정으로 슈퍼바이저를 규정하고 있다. 대중에게 복지는 전문 사회복지사에 의해 관리되어야 한다는 역사적 계기로 작용하였다.

개별사회사업은 개별사회사업방법론을 바탕으로 사회복지실천이 이루어졌다. 사회복지사는 개인적이고 사적인 영역으로 아동상담소, 병원 등에서 전문적인 사회복지실천을 하였다. 집단사회사업은 사회복지실천의 방법론으로 인식되기 시작하였다. 집단구성원 간의 상호작용을 강조하였고 경쟁보다는 협동에 초점을 두었다. 1946년 미국 사회복지회의에서 집단사회사업을 공식적으로 사회복지실천기술로 인정하였다.

1920년부터 지역사회조직의 개념, 방법, 활동 등을 체계화한 지역사회조직론은 주단위로 공공복지기관이 설치되면서 지역사회실천으로 전환하는 계기가 마련되었다. 국가 사회사업기관을 설립하면서 공공기관에서 활동하는 사회복지사의 증가와 지역사회실천이 발달하고 전문화되어 지역사회조직이 사회복지방법론의 한 분야로 정착하게 되었다.

[표 3-4] 진단주의와 기능주의 상호비교

진단주의	기능주의
프로이트	오토 랭크
과거 및 본능에 초점	현재와 미래, 의지에 초점
클라이언트를 아픈 사람으로 간주	클라이언트는 서비스가 필요한 사람
전문가의 조사에 의한 문제 진단	함께 일하는 공통 기반 모색
워커-클라이언트 관계 수직적	수평적 관계
조사-진단-치료의 과학적 과정	시작-중간-끝(시간의 흐름)
진단에 의거한 치료	기관기능 수행하고 전문적 지식 업무에 적용
해밀턴, 홀리스	티프트, 로빈슨

출처 : 김경우 외(2013).

3. 1936년~1960년의 사회복지실천

전문화의 경향으로 전문 분야에 대한 관심이 지속되었으며 방법론에 의한 전문화가 추구되었다. 또한 전문직의 통일성에 대한 새로운 기반이 요구되었고, 공통의 목적과 가치를 기반으로 하는 전문직의 통일성을 추구하였다(NASW, 1958).

진단주의와 기능주의 학파의 이론적 갈등은 펄먼(Perlman, 1957)이 문제해결이론이 나오면서 통합이 이루어지게 되었다.

펄먼은 그의 저서 『개별사회사업 : 문제해결과정』에서 기본적 진단주의를 취하며 그들의 견해를 수용하여 절충주의적 방식을 제시하였다.

통합하기 위한 사회복지실천 방법론 이를 위해 세 가지 전통적 방법론의 기본적 원리를 찾기 위한 노력을 기울였다.

그 결과 개별사회사업은, 집단사회사업, 지역사회조직에서도 실천의 과정을 중시하고, 개별사회사업에서는 클라이언트뿐 아니라 그와 관련된 다른 사람들과의 상호관계를 고려하기 시작하였다(Johnson & Yanca, 2009). 이와 함께 전문직 단체의 통합이 이루어졌다.

1955년 '미국사회사업가협회'가 '의료사회복지사협회'(1918), '학교사회복지사협회'(1919), '미국사회복지사협회'(1921), '정신의료사회복지사협회'(1926), '집단사회복지사협회'(1946) 등 다섯 곳의 전문직 단체와 '지역사회조직사업'과 '사업사업조사'에 관한 두 단체를 합하여 단일 전문직단체로 출범하게 되었다(양정남 외, 2014).

4. 1961년~1975년의 사회복지실천

1960년대는 개별사회사업의 진단주의적 접근과 기능주의적 접근이 확장되고 발전하여 정교한 이론체계를 갖추어 나가게 되었다.

여기에는 '환경 속의 인간(Person In Environment)', 과정(process), 사정(assessment), 상호작용(interraction), 개입(intervention) 등 다섯 가지 개념을 채택하고, 사회과학이론에서 차용한 사회체계이론과 의사소통이론을 함께 사용하기 시작했다(Johnson & Yanca, 2004). 또한 집단사회사업과 지역사회조직 실천이론이 꾸준히 개발되었다.

1970년대 접어들면서 미국은 존슨(Johnson)의 사회복지정책에 대한 보수주의자들의 공격으로 인해 공공부문의 직업과 훈련수당이 삭감되는 등 어려움을 겪었다. 이때 발전하게 된 것이 임상사회사업이다. 임상사회사업에 대한 관심은 모든 사람들이 사회적 · 정서적 문제를 가질 수 있으며 임상사회사업은 모든 사회경제적 계층의 사람들을 도와줄 수 있어야 한다는 주장과 미국의 건강보험 계획에 의한 임상사회사업의 적용범위의 확장 그리고 임상사회사업 내의 특수 전문 분야의 확대 등으로 인해 더욱 높아지게 되었다. 이 시기에 개업사회복지사의 출현도 이와 같은 클라이언트의 심리사회적 문제에 대한 사회복지사의 전문적 직접 서비스에 대한 관심의 반영이라 할 수 있다. 임상사회사업가의 역할에 대한 요구는 건강보호시스템, 보건교육, 가족계획 상담을 위한 입 · 퇴원 서비스 영역, 산업체의 서비스 욕구, 아동학대, 교정, 법정서비스, 경찰국, 가정폭력 분야 등에서 점차 증가되고 있다.

최근 경향은 다양한 이론의 절충과 통합을 지향하고 있다는 점이다(Siporin, 1975). 즉 임상실천을 위하여 다양한 이론적 관점을 수용하게 되었고, 클라이언트의 관점에 보다 관심을 갖게 되었으며, 병리보다는 강점에 초점을 두게 되면서 클라이언트의 상황에 맞는 개입이 강조되었으며, 역할 및 개입전략의 다중성이 중요하게 여겨졌다. 또한 문제에 대한 사회정치적 측면뿐 아니라 개인적 차원에서 동시에 해결되어야 한다는 필요성이 강조되었다.

미국사회사업가협회는 1970년 전문직으로서의 자격요건을 학부과정과 석사과정으로 구분하고 학부과정을 보다 확대하는 정책을 채택하였다. 그리하여 전국사회사업가협회는 학부과정의 사회복지를 전문직으로 공식 인정하게 되었고, 사회사업교육협의회에서는 1974년에 학사과정의 사회복지 교육 프로그램을 인증하기에 이른다.

5. 1976년~1990년의 사회복지실천

1979년과 1980년에는 임상사회사업의 실체를 규정하는 작업이 NASW를 중심으로 이루어짐으로써, 공통적인 지식기반, 실천방법, 실천현장, 가치와 기술 등에 대한 합치된 정의를 도출해 내기 위한 노력이 있었다.

사회복지실천의 다양성, 클라이언트에 대한 관점의 변화, 다차원적 개입, 가족치료와 행동주의, 인지, 인지행동의 접근법으로 사회복지실천에서의 과학성을 추구하였다. 미국에 있어서 전문적 사회복지실천의 심화 및 질적, 양적 성장은 계속 진행되어왔다. 사회복지사가 되고 전문적인 능력을 지닌 고급 사회복지사로 나아가기 위해서는 일정한 자격요건을 갖추어야 한다.

전문 사회복지사는 사회사업교육협의회에서 인정하는 사회사업 프로그램으로부터 석사학위를 취득하여야 한다.

이와 함께 사회복지실천에서 생태계적 접근이 이루어지면서 상황 속의 개인의 개념 또한 더욱 주목을 받았다. 이의 영향으로 개인의 지지망을 파악, 개발, 강화되고 이를 원조과정의 일부로 사용하게 되었다.

6. 1991년 이후의 사회복지실천

1990년대의 사회복지실천 분야는 복지예산 삭감 및 사회복지서비스 축소에 대한 압력, 사회복지서비스의 민영화 등 보수주의적 분위기에 영향을 받아 왔다.

사회복지실천은 미시적 실천, 중범위적 실천, 거시적 실천으로 나뉘었다.

2001년 켄터키회의(Kentucky conference)에서는 새천년시대의 사회복지실천이 논의되었다.

21세기에는 여러 다양한 집단에게 필요한 개입기술과 개입모델 개발에 관한 논의가 등장하고 있으며, 사회복지사들은 '다양성을 포용하는 사회복지실천'을 위해 문화적 전문성이라는 개념을 발전시키게 되었다. 또한 이 시기에 나타나고 있는 현상으로 여성주의적 전문성의 강화와 다문화에 대한 인식의 증대와 더불어 사회복지실천의 글로벌화를 들 수 있겠다(나동석 외, 2014).

제3절 우리나라 사회복지실천의 역사

1. 근대국가 사회복지실천

1) 삼국시대

삼국시대 이전에도 환과고독(鰥寡孤獨)이 있었다. 이는 홀아비, 과부, 고아, 홀노인 등을 포함하는 빈민을 구제하는 방법이다. 그러나 국가체제가 나타나기 시작했던 삼국시대부터 사회복지실천제도가 역사적으로 기록에 남아 있다.

그 예를 살펴보면, 특히 고구려 고국천왕 16년(194년)의 '진대법'은 실로 의미 있는 사회복지실천제도로 볼 수 있다.

2) 고려시대

불교의 자비를 베푸는 시혜를 중심으로 사회복지실천이 상당할 정도로 조직화, 제도화되기 시작하였다.

성종 때 흑창을 의창으로 개칭하였고, 이어 곡식의 매매를 통한 물가조절 기능과 구빈사업 등을 함께 하는 상평창을 만들었다. 또한 환자의 치료와 빈민구제를 담당한 동서대비원, 혜민국 등이 있었다.

3) 조선시대

흉년에 대비한 비황(備荒) 제도와 상평창 등의 기관을 통하여 진휼(賑恤), 진대(賑貸)복지사업을 시행하였다. 그리고 사회복지실천제도로써 향약(鄕約), 계(契)가 있었다. 향약은 지배계층의 사회 안정과 질서를 위한 방법으로 백성의 교화와 구휼의 목적을 갖고 있었으며, 계는 지역사회 수준의 민간협동조합을 통한 상부상조의 활동이었다.

근대국가의 사회복지제도와 활동은 우리나라가 일본에 의해 강점당하면서 사라졌지만, 계 등이 변형된 형태로 개인들 간의 상부상조 정신과 형태는 아직도 남아 있다(노혁, 2014).

2. 일제강점기 시대의 사회복지실천

이 시기는 민족적으로는 불행한 시기였다. 당시의 상황을 감안한다면 근대적인 복지이념에 의해 복지사업이 시행되었다기보다는 식민통치를 정당화하고 합리화하기 위한 정치적인 목적을 갖는 시혜, 자선의 의미가 컸다. 그렇지만 매우 구체적이고 실천적인 내용의 자료들이 남아 있다는 것이다. 대표적인 것이 '조선구호령'(1944)이다.

사회복지실천의 발달은 개별사회사업실천영역으로 일제강점기 방면위원제도가 기원이고, 1950년대 우리나라의 사회복지실천의 도입, 전쟁 직후 외국 민간 원조단체를 계기로 개별사회사업을 전개하였다.

사회복지실천교육의 발달로 사회복지 교육은 이화여자대학교, 강남대학교 사회사업과 개설이 있었다. 지역사회복지는 1921년 태화기독교 사회관에 이어 1985년부터 각 시도 단위의 종합사회복지관 설립이 이루어져 정부가 보조금을 지원하게 되었다(김경우 외, 2013).

3. 1950년대 사회복지실천

1945년부터 1948년까지 정부가 수립되기까지 사회적인 혼란과 경제적 어려움으로 사회복지실천은 오히려 퇴보한 느낌을 주었다.

미군정시기에는 정치적인 갈등과 경제적 어려움, 사회적 혼란 등으로 인해 사회복지실천은 정부에 의한 구호준칙으로 빈민구호사업이 거의 전부였다. 하지만 그러한 와중에도 미군정 당국은 아동복지 분야에 기여하게 되었다. 그리고 1950년에 6.25전쟁은 혼란의 극에 달하게 한다. 1953년 휴전 직후 요보호아동을 수용하는 시설은 전국적으로 440개소에 이르렀고, 수용된 아동은 5만 2천 명이 넘었다(구자헌, 1984년).

우리나라에서 활발한 구호사업과 자선사업을 전개한 외국원조단체는 '월드비전, CCF, 세계기독교봉사회, 캐나다 유니테이런봉사회' 등이다.

이들 원조단체는 1952년 '외원단체협의회(KAVA)를 결성했다. 1960년대에는 130여 개 단체가 가입하였고(엄명용 외, 2011), 1995년 해체되었다. 1960년대 이후에는 우리나라 대학에서 사회복지를 전공한 사회복지사들이 실천현장에서 전문적인 개입을 실시하게 된다.

이에 따라 한국개별사회사업가협회(1959)가 창설되었다.

4. 1960년대 사회복지실천

1960년대에 들어오면서 산업화, 공업화, 도시화의 현상이 급속하게 나타났다. 즉, 우리나라는 성장 후 분배 정책이 큰 흐름을 형성하여 사회복지나 사회복지실천은 제대로 발전할 수 없었으며, 명맥만 이어가는 수준에 머물러 있었다.

5. 1970년~1990년 사회복지실천

1970년대 국가의 정책적 우선순위가 경제적 성장과 낙후된 지역사회 개발에 초점이 맞추어져 당시 사회복지실천의 현장은 많은 부분 YMCA, YWCA 등 대학생들의 봉사활동과 연계되었다.

우리나라에서는 여전히 전통적인 개별사회사업, 집단사회사업, 지역사회조직의 분화된 실천방법이 교육내용의 핵심이었고, 이러한 추세는 1990년 중반까지도 지속되었다(이효선 외, 2012).

오늘날 사회복지실천의 법적 기반이 된 사회복지사업법은 1970년에 제정되어 사회복지법인, 시설, 인력에 대한 그 틀을 마련하였으며, 사회복지사라는 명칭이 1983년 개정되었다. 또한 1980년 전두환 군사정부의 복지사회 건설로 1987년부터 사회복지의 공공부문을 담당하는 사회복지전문요원이 탄생하였고, 1999년에는 별정직에서 일반직 공무원으로 전환된 사회복지전담공무원으로 변경되었다.

1989년 전국적으로 사회복지관을 저소득층 밀집 지역에 설치·운영할 수 있는 법적 기반이 조성되었다. 즉 지역사회 내에서 지역주민과 직접 접촉을 통해 각종 서비스를 제공해가면서 사회복지실천의 방법과 기술을 발전시키는 계기가 되었다(엄명용 외, 2011). 한편 1989년 지방자치제도가 도입되면서 사회복지도 일정부분 지방정부가 떠맡게 되었고 이와 함께 지역의 복지문제에 대한 관심도 증가되었다.

6. 1991년 이후 사회복지실천

우리나라가 경제적 어려움을 겪었음에도 불구하고 지속적인 경제성장으로 인해 국민소득 2만 달러 시대가 되었다. 반면 복지에 대한 국민들의 눈높이도 높아졌고 저출산 고령화로 인한 복지적 수요가 급증하고 있는 현실이다.

한편, 1997년에 정신보건법 시행으로 법정 정신보건사회복지사도 생겨났다. 2000년에는 한국학교사회사업실천가협회가 창립되었다(김경우 외, 2013).

또한 사회복지실천의 새로운 영역으로 군사회복지를 들 수 있다. 국가경제의 성장과 함께 우리나라 군인의 복지환경도 변화되고 군인들의 복지적 욕구 역시 다양화되고 있다. 그러나 사회 각 분야의 변화와 발전에 비해 군의 복지수준은 상대적으로 낮다고 할 수 있다.

1990년대 말부터 학계에서 군생활에서 야기된 스트레스로 인한 정신질환 및 적응장애의 심각성을 논하고 이에 대한 해결책으로 군사회복지 시스템을 도입하여 의료체계, 상담체계, 사고대처체계를 통사 군인의 군생활 적응력을 높여야 함을 주장하였다. 이와 같이 군사회 사업을 체계화하고 제도적으로 정착시키기 위해 여러 분야 전문가들이 지속적으로 노력하고 있다(유홍위, 2010).

앞으로 사회복지실천은 사회의 변화와 요구에 따라 끊임없이 변화 발전을 거듭해 왔다.

우리 사회는 지속적으로 변화해 갈 것이며, 이러한 사회적 변화에 따라 발생하는 다양한 사회복지 문제는 사회복지사의 새로운 실천영역으로 등장하게 될 것이다. 따라서 사회복지사들은 시대와 사회의 변화와 요구에 민감하게 반응하고 그에 대한 전문가로서의 역할을 해야 할 책임이 있다. 이를 위해 끊임없이 연구하고 인접학문과의 교류와 다학문적 접근을 통하여 새로운 사회복지실천모델의 개발 및 전문적 지식과 기술의 향상을 위해서는 지속적으로 노력해야 할 것이다.

참고문헌

강선경 외(2014). 사회복지실천의 이해. 양서원.
구자헌(1984). 한국사회복지사. 홍익재.
김경우 외(2013). 사회복지실천론. 창지사.
나동석 외(2014). 사회복지실천론. 정민사.
노혁(2014). 사회복지실천론. 학지사.
도광조(2008). 사회복지실천론. 양서원.
양정남 외(2014). 사회복지실천론. 양서원.
엄명용 외(2011). 사회복지실천의 이해(3판). 학지사.
유흥위(2010). 한국군사회복지학. 제3권 제1호, 23-59.
이은희 외(2014). 사회복지실천론. 양서원.
이영분 외(2002). 사회복지실천론. 동인.
이효선(2012). 사회복지실천론. 정민사.
함세남(2001). 사회복지역사와 철학. 학지사.

Dolgoff, R., D. Feildstein, & L. Skolnik(1977) Understand Social Welfare, N.Y. : Longman.
Johnson, L. C. & Yanca. S. J.(2009) Social work practice A generalist approacb(10tb ed). Boston : Allyn & Bacon.
NASW(1958). Working definition of social work practice, reprinted in Donald Brieland, "Historical Overview". Social Work, 3(2), 5-9.
Perlman, H. H.(1957). Social casework : A problem solving process. Chicago : University of Chicago Press.
Siporin, M.(1975). Introduction to Social Work Practice, New York : Macmillan Publishing Co., Inc.

1995). 혼합가족을 위한 기본적인 노력은 새로운 가족을 하나의 가족단위로 보는 것이 중요하다(Visher & Visher, 1988). 사회복지사가 혼합가족들에게 사회복지실천 서비스를 제공할 때 특히 관심을 기울여야 할 것은 다음 일곱 가지로 나타낼 수 있다(전재일 외, 2010).

첫째, 변화와 상실이다. 혼합가족의 구성원들은 매우 큰 변화를 나타내어야 한다. 삶의 거주장소가 변화될 수 있고 다니던 학교가 바뀔 수 있으며, 모든 가족의 일상생활이 달라져야 할지도 모른다. 혼합가족들은 기본적인 모든 생활상황에서의 주요변화에서 일상생활 습관의 작은 변화까지 매우 많은 조정적응을 해야 한다. 또한 혼합가족은 상실을 괴로워하고, 헤어진 부모와의 만남도 이루어지지 못할 것이다. 특히 사회복지사가 이러한 혼합가족들이 직면하고 있는 상실 등의 많은 변화에 관심을 기울여야 할 것이다.

둘째, 비현실적인 신념체계이다. 서로 간의 관계는 시간의 경과에 따라 발전하고, 긍정적인 감정은 시간이 흐름에 따라 자연스럽게 생기는 것이다. 예를 들면, 혼합가족들은 서로 정서적으로 가까워져야 하고, 즉시 사이좋게 지내야 하는 인스턴트 가족처럼 지내야만 한다는 것은 비현실적이다. 특히 사회복지사가 이러한 혼합가족들이 상호작용을 위해 아주 현실적인 기대를 하도록 도와줄 필요가 있다.

셋째, 내부사람과 외부사람의 문제이다. 외부사람은 자신의 자녀는 데리고 오지 않고 부모가 되는 사람, 자신의 자녀를 데리고 새로운 배우자의 집에 이사를 하는 경우이다. 특히 사회복지사는 이러한 외부사람의 역할을 하게 되는 가족구성원을 주시할 필요가 있다. 어쩔 수 없이 자신의 집이라고 생각해야 하는 외부사람과 같은 감정을 가질 때 문제가 발생될 수 있다. 그러므로 모든 가족구성원들이 모두 내부사람으로서 '집'이라 느낄 수 있도록 가족을 도와줄 필요가 있다.

넷째, 힘이다. 힘은 정의하기 어려울 정도로 복합적인 것으로 혼합가족 내에서 누군가를 통제하거나 영향을 줄 수 있는 사람을 의미한다. 혼합가족에서는 가족구성원이 스스로 힘이 없다고 느낄 때 문제가 발생한다. 이러한 힘의 순위로는 친부와 함께 살고 있는 자녀들, 자녀들과 살고 있지 않는 친부모, 자녀들과 살고 있는 의붓부모, 자녀들과 살고 있지 않는 의붓부모 순이다. 특히 사회복지사는 이러한 힘이 혼합가족의 구성원들이 서로를 존중하는가와 관련이 있음을 인지함으로써 혼합가족을 도울 수 있을 것이다.

다섯째, 충성갈등이다. 자녀들은 이혼한 양쪽 부모들이 서로 끌어당긴다고 생각할 수 있다. 부모는 새로운 배우자에 대한 충성과 이전 결혼에서 가진 자녀들에 대한 충성 사이에서 갈등할지도 모른다. 혼합가족의 새로 혼합된 사람들과의 보다 복잡한 구조 때문에 혼합가족의 충성갈등은 보편적인 현상이다. 특히 사회복지사는 사랑이란 제한된 양이 아니라 얼마든지 줄 수 있는 것임을 가족이 이해하도록 도울 필요가 있다. 사회복지사의 과업은 가족구성원들이 사랑과 호의를 이전보다 효과적으로 나타낼 수 있도록 돕는 것이다.

여섯째, 경계문제이다. 적절한 경계는 어느 가족에서도 유지해야 할 중요한 것이다. 예를 들면, 배우자 체계는 고유하고 특수한 지위를 유지할 필요가 있다. 하지만 혼합가족에서의 배우자 체계의 경계는 복잡한 관계 때문에 모호해지거나 혼란해지기 쉽다.

일곱째, 잠재적인 문제영역은 서로 다른 생활주기이다. 긴 세월을 함께 살아온 부부의 생활주기는 같은 공간에서 주요한 생활상의 사건들을 경험하는 과정을 통해 일치될 수도 있다. 하지만 재혼을 했을 때는 다른 변수들이 작용할 수 있다. 배우자 간의 연령 차이가 있을 수 있고, 한쪽 자녀들은 미취학아동이고 다른 쪽의 자녀들은 고등학생일 수 있으며, 한쪽은 자녀가 전혀 없을 수도 있다. 그리고 새로운 가족에서 자녀들을 가질 것인가? 하는 것이다. 혼합가족에 대한 중재는 보편적인 문제 이외에 특수한 이슈들에 대한 관심을 기울일 필요가 있다(Goldenberg & Goldenberg, 1998).

과 같은 모임을 위해 절차를 거친다. 과제집단은 보통 안건을 가지고 시작하며, 치료집단보다 구성원들이 집단의 과제를 토의하는 방법을 정하는 공식적 규칙을 더 활용한다.

치료집단과 과제집단은 비슷한 사회복지실천과정을 가질 수 있지만, 이들 두 집단 형태의 실제 구성은 다르다. 예를 들면, 치료집단은 구성원들이 공동 관심, 문제 또는 능력을 가질 수 있도록 구성된다.

과제집단은 집단이 그 자체의 업무를 수행하는 데 필요한 인적자원을 가진 집단을 마련하기 위해 구성된다.

치료집단과 과제집단의 목적을 살펴봄으로써 두 가지 유형의 진단에 관한 이해를 높일 수 있다(남연희 외, 2012).

1) 치료집단

치료집단의 중요한 네 가지 목적은 교육, 성장, 교정, 사회화이며, 이외에 지지와 상호부조와 같은 다른 목적들이 포함된다.

① 교육집단(educational group)은 구성원들이 자신과 그들의 사회에 관하여 학습하도록 돕는 것을 중요한 목적으로 하는 집단이다.

- 가족복지기관이 후원하는 예비부모집단
- 아동복지기관이 후원하는 미래의 양부모집단
- 청소년단체가 후원하는 청소년 집단지도자 훈련집단
- 자원봉사자 교육집단

② 성장집단(growth group)은 사회 · 정서적 문제를 교정하기보다는 사회 · 정서적 건강을 증진시키는 데 초점을 두고 있는 집단이다.

- 결혼한 부부를 위한 참만남집단
- 청소년을 위한 가치관 명료화집단
- 퇴직 후 활동을 위한 퇴직자집단

③ 교정집단(remedial group)은 구성원들의 행동을 변화시키고, 그들의 개인문제를 해결하거나 개선하고, 혹은 그들 자신을 재활하도록 구성원들을 돕는다. 또한 집단구성원이 개인적 목표를 달성하도록 돕기 위해 조사, 사정 그리고 치료 및 종결 과정을 거치게 되는 집단이다.

- 정신건강센터의 환자들을 위한 심리치료집단
- 소년지도 프로그램상의 초범집단
- 병원에서 운영되는 약물중독자 집단

④ 사회화집단(socialization group)은 구성원들이 프로그램 활동에 참여함으로써 대인관계기술을 개선하는 "행동을 통한 학습"에 도움을 주는 집단이다.

- 정신장애인들을 위한 사회기술집단
- 재가치료센터에서 아동들을 위한 소집단

[표 4-1] 치료집단의 유형

종류	특징	예
지지집단	· 생활사건에 대처하고 이후에 효과적으로 대처할 수 있는 능력을 향상시킬 수 있도록 원조함 · 유대감 형성에 용이하며, 자기개방 수준이 높음	· 이혼한 부부의 자녀로 구성된 집단 · 자녀 양육의 어려움에 대해 공유하는 한부모 집단
교육집단	· 집단구성원들이 자기 자신과 자신이 속한 사회를 잘 이해할 수 있도록 교육을 통해 원조함 · 주로 강의 형태 · 구성원 간 자기노출의 정도는 높지 않음	· 청소년성교육집단 · 부모역할훈련집단 · 위탁부모집단
성장집단	· 구성원들의 자기인식 증진과 사고의 변화가 목적 · 질병의 치료보다는 사회정서적 건강 증진 중시	· 참만남집단 · 잠재력개발집단
치유집단	· 집단구성원들의 행동변화와 개인적인 문제의 완화나 제거가 목적 · 사회복지사는 권위적 인물 · 자기노출 수준이 높음	· 외래환자를 대상으로 한 정신치료집단 · 금연집단 · 약물중독자집단

종류	특징	예
사회화 집단	· 사회적 관계에서 어려움을 겪는 경우 사회적 기술을 습득하고 사회생활에 효과적으로 기능할 수 있도록 원조하는 것이 목적 · 사회기술 훈련집단, 자치집단, 여가집단으로 나눔	· 과잉행동주의력 결핍아동을 대상으로 하는 활동집단 · 퇴원한 정신장애인을 위한 사교집단

출처 : 남연희 외(2012).

2) 과제집단

과제집단(task group)은 조직의 문제에 대한 해결책을 찾는 데 이용되고, 새로운 아이디어를 찾고 상이한 문제에 관하여 공통된 합의를 하는 데 이용되는 대부분의 기관과 단체에서 흔히 볼 수 있는 집단이다.

과제집단의 목적은 ① 단체의 욕구를 위해 봉사하는 것, ② 클라이언트의 욕구를 위해 봉사하는 것이다.

과제집단 유형에는 단체의 욕구를 봉사하는 ① 위원회, ② 행정집단, ③ 대표자협의회가 있으며, 클라이언트의 욕구를 위해 봉사하는 ① 팀, ② 치료협의회, ③ 사회행동집단이 있다.

① 위원회(committee)는 임명이나 선출의 과정을 통해서 함께 모인 사람들의 집단이다. 그들의 과제는 "책임을 달성하는 것"(Pincus & Minahan, 1973)으로 그 책임은 기관의 행정규정이나 단체의 규정과 같은 높은 권위의 근거에서 위원회 구성원에게 위임되는 것이다. 위원회는 임시위원회와 상설위원회가 있다. 예를 들면 다음과 같다.

- 기관의 인사정책의 변화를 건의하는 임무를 맡은 직원들의 집단
- 십대 미혼모에 대한 서비스 개선을 위한 사회복지사들의 집단
- 종업원 복지 프로그램을 건의하기 위하여 모인 직원들의 집단

② 행정집단(administative)은 조직의 목표를 수행하도록 기관을 돕는다. 조직의 정책과 절차는 보통 행정집단에 의해 수립되는 경우가 많다. 조직 내에서 공식적인 의사소통이 가능하도록 하는 집단이다. 예를 들면 다음과 같다.

- 민간사회복지기관에서 모이는 이사회
- 자금조달을 토론하기 위한 기관 대표자들과 전국단체협의회 대표자들과의 모임
- 지방사회복지국의 책임자들의 모임

③ 대표자협의회(delegate group)는 기관을 대변할 수 있는 대표에 의해 후원기관의 이익을 대변하고 기관 간의 의사소통과 협력방안을 모색하는 집단형태이다. 흔히 특수한 과제성취를 위해 구성할 수도 있으며, 비공식적인 소모임형태로 구성되기도 한다. 이들은 중대한 사회적 이슈나 사회문제를 연구하고, 집합적 사회행동에 참여나 관리의 목적을 위해 구성된 집단이다. 예를 들면 다음과 같다.

- 기관 간의 의사소통을 개선하기 위하여 매월 모이는 수많은 기관 대표자들
- 조직의 예산을 승인하기 위해 모이는 대표자들의 모임
- 가족폭력을 조사하기 위하여 지방의 각 구역에서 임명된 성원들로 구성된 모임
- 어떤 구역의 가족서비스기관 대표자들의 연례집회

④ 팀(team)은 각자 특별한 지식과 기술을 지니고 독특한 목적을 위하여 전문적 의견을 서로 나누기 위하여 모인 다수의 직원들의 집단을 의미한다. 구성원들은 특별한 클라이언트 집단을 위하여 노력과 업무를 협력하며 업무조정과 의사소통을 위하여 빈번하게 모임을 갖는다.

- 병원에서 환자의 치료계획을 세우는 여러 분야의 전문가집단
- 가정 호스피스를 전달하는 전문가집단
- 전국규모의 복지조사를 하기 위하여 공동 연구하는 다수의 연구자들

⑤ 치료협의회(treatment conference)는 특별한 클라이언트 혹은 클라이언트 체계에 대해 논의할 목적으로 모이는 사람들의 집단이다. 클라이언트의 상황을 고려하여 가장 효과적인 치료방법을 도출해내며 클라이언트가 추구할 행동 계획을 결정하는 것이다.

- 정신병원 입원환자 분리 · 수용 계획을 세우기 위한 관계 전문가들의 집단
- 아동의 치료계획 결정을 위한 부모, 사회복지사, 간호사, 정신과 의사들의 집단

참고문헌

김성경(1992). Perlman과 Compton-Gallaway의 문제해결 모델의 비교와 적용가능성에 관한 연구. 이화여자대학교 대학원 석사학위논문.

김혜영 외(2012). 사회복지실천론. 공동체.

남연희 외(2012). 사회복지실천론(2판). 공동체.

백은령(2008). 사회복지실천론. 대왕사.

송성자(2001). 한국문화와 가족치료 : 해결중심접근. 법문사.

이종복 외(2012). 사회복지실천론(3판). 학현사.

전재일 외(2010). 사회복지실천론. 형설출판사.

최일섭 외(1999). 지역사회복지론. 서울대학교 출판부.

최혜경(2009). 사회복지실천론. 학지사.

Compton, B. R. & Galaway, B.(1984). Social Work Practice(3rd ed). Home-wood, Ⅱ. : The Dorsey Press.

Goldenberg, H. & Goldenberg, I.(1998). Counseling Today's Families(3rd eds). Pacific Grove : Brooks/Cole Publishing Company.

Hardcastle, D., P. Powers & S. Wenocours(2004). Community Practice : Theories and Skills for social workers(2nd ed) Oxford : Oxford University Press.

Hepworth, D. J. & J. A. Larsen.(1993). Direct Social Work Practice : Theory and Skills(4th ed). Pacific Grove Califomia : Brooks/Cole Publishing Company.

Johnson, L. C. & Yanca. S. J.(2009) Social work practice A generalist approacb(10tb ed). Boston : Allyn & Bacon.

NASW.(1995). Overview of a Decade of Adjudication Washington, D. C NASW.

Pincus, A. & Minahan, A.(1973). Social Work Practice : Model and method. Itasca. Ill. : F. E. Peacock Publishers. Inc.

Shulman, L.(1984). The skills Helping Individuals families and Groups(3rd ed). Itasca : F. E. Peacock Publishers. Inc.

Sheafor, B., Horejsi, C. & Horejsi, G.(1998). 서울복지실천기법과 지침(서울대학교 사회복지실천 연구회 역). 나남출판.

제 5 장

사회복지실천의 관점

제1절 사회복지실천의 지식기반에 대한 이해

인간은 삶을 영위하면서 개인뿐만 아니라 환경 간의 상호작용의 증진을 통해서 사회구성원 모두의 삶의 질을 향상시키는 것을 사회복지실천의 목적으로 한다. 즉 이러한 목적달성을 위해서 사회복지실천이 전문직으로서의 위치를 확고히 하기 위해서는 검증된 이론적 틀 안에서 실천이 이루어져야 한다. 따라서 사회복지전문직은 과학적인 실천지식의 기반이 필요하다.

바틀렛(Bartlett, 1970)은 사회복지활동은 확고한 지식을 기반으로 이루어져야 하고, 지식이 실천을 이끌어가야 한다고 주장했다. 이것은 곧 클라이언트와 사회에 대한 책임성을 의미하기도 한다.

사회가 부여한 책임성을 실현하기 위한 하나의 방법은 경험적으로 검증된 이론에 입각하여 구체적 형태의 변화를 일으키는 실천을 수행하는 것이다. 이론적 틀에 기초하지 않은 실천은 임의성에 바탕을 둔 일상적인 되풀이에 불과하거나 기반이 없는 공허한 활동이 될 수 있다. 반면에 실천현장에 바탕을 두지 않은 이론은 현실성이 결여될 수 있다. 따라서 사회복지실천은 구체적인 변화 초래하기 위해 지식을 활용하고 이론을 적용하는 과정이다(Sheafor & Horejsi, 2008). 이러한 지식기반은 여러 가지 유형의 이론이나 관점 · 모델로 구체화되며, 실천에 필요한 구체적인 원리와 지침 등을 제시해 준다(Sheafor et al., 1997; 서울대학교 사회복지실천연구회, 2000).

여러 학자들의 사회복지실천의 지식기반에 대해 살펴보면 다음과 같다.

미국사회복지협회(National Association of Social Workers, 1981)의 실천현장에서는 "사회복지실천의 목적은 모든 사람들의 삶의 질을 향상시키기 위해 개인과 사회 사이의 상호 유익한 상호작용을 증진시키거나 복구시키는 것이다(The purpose of social work is to promote or restore a mutually beneficial interaction between individuals and society in order to improve the quality of life everyone)"라고 밝히고 있다. 그리고 이러한 목적을 달성하기 위해 사회복지사는 여러 사람과 함께 다음의 세 가지 유형의 활동을 한다고 하였다. 구체적인 내용을 살펴보면 다음과 같다.

첫째, 개인과 개인 주변환경의 타인 사이의 상호작용을 촉진한다.
둘째, 개인이 자신의 능력을 확대시키고 자신의 문제해결 및 대처능력들을 향상시킬 수 있도록 도움을 제공한다.
셋째, 사회 및 환경과 관련된 정책에 영향을 준다.

셰퍼(Sheafor et al, 1997) 등은 사회복지실천 지식의 유용성을 다음과 같이 제시하였다.

첫째, 극도로 감정적이기 쉬운 인간문제와 상황에 대한 분석의 틀을 마련해 준다.
둘째, 정보와 신념 및 가정을 하나의 유의미한 전체로 조직화해 준다.
셋째, 행동과 의사결정을 위한 논리를 제공해 준다.
넷째, 사람의 일을 다루는 데 체계적이고 질서정연하며, 예견 가능한 접근을 촉진한다.
다섯째, 전문직 사이의 의사소통을 원활하게 촉진시킨다.

존슨(Johnson et al., 1997) 등이 제시한 사회복지사의 지식기반을 살펴보면 다음과 같다.

첫째, 광범위한 인문학적 지식과 사회과학 분야의 지식이다. 인간 사회의 본질을 이해하기 위해 심리학, 사회학, 인류학, 정치학, 경제학과 같은 사회과학 분야의 지식과 과학적인 사고 그리고 인간의 신체적 측면 이해를 위한 자연과학 지식이 필요하다.
둘째, 인간, 인간의 상호작용, 사회상황에 대한 기초지식이다. 정서적 · 인지적 · 행동적 · 발달적 측면에서 인간을 이해하기 위한 지식이 필요하며, 인간의 다양성과 상호작용에 대한 지식이 요구된다.
셋째, 실천이론에 관한 지식이다. 원조관계에서의 상호작용, 원조과정, 다양한 상황 및

제2절 사회복지실천의 통합적 방법

1. 통합적 방법의 등장배경 및 개념과 특징

1) 통합적 방법의 등장배경

1920~1960년대 여러 방면의 전문가들은 인간행동을 평가하고 변화시키기 위하여 의학적 접근방법을 사용하였다. 의료모델은 프로이트에 의해 시작되었으며, 서비스 제공자는 환자의 '문제의 원인에 대한 규명'과 '진단', '치료'를 제공하였다. 즉, 클라이언트 문제원인은 개인의 정신 내적 요인에 있다고 믿었으며 인간의 정서, 사고, 행동의 문제를 정신질환으로 규정하고 진단명을 붙였다. 그러나 1960년대 이후 전문가들은 의료모델의 효율성에 대한 강한 의문과 함께 클라이언트 문제의 원인을 규명하는 데 환경적 요인의 중요성을 강조하기에 이르렀다.

프로이트 이론의 절대적 영향을 받고 있었던 전통적 사회방법론도 인간의 병리적 측면에 초점을 두었고, 클라이언트의 과거 경험을 중시하였으며, 단선적 인과관계 이론에 의존하여 문제에 접근하게 되었다. 이러한 접근방법은 클라이언트의 인격발달과 치료적 측면이 강하였으며, 문제 해결은 클라이언트와 사회복지사의 전문적 관계 내에서 이루어졌다.

그러나 현대사회의 급속한 변화, 다양화, 복잡성으로 인해 증가되고 있는 클라이언트 개인과 가족, 지역사회의 기능을 회복하고 삶의 질을 향상시키기 위해서는 개인과 환경에 대한 개입을 중요시하게 되었다.

1970년대에 이르러 사회복지전문가들은 개인과 환경을 동시에 고려하여 이분화된 사회사업영역을 통합하고 개별사회사업(Case work), 집단사회사업(Group work), 지역사회조직사업(Community Organization work) 간의 경계를 넘어선 공통적 실천과정이 필요하게 되었으며, 실천현장에서도 통합적이고 복합적인 지식을 근거로 한 광범위한 기술이 요구되었다.

통합적 접근방법의 등장배경에 따른 학자들의 견해를 살펴보면, 핀커스와 미나한(Pincus & Minahan, 1973)은 사회복지사가 사회복지실천현장에서 클라이언트를 돕기 위해 개인이나 집단, 가족, 지역사회 각각에 제한되는 접근방법보다 여러 유형이나 규모의 체계들과 관계를 맺을 수 있는 접근방법이 필요하게 되었으며, 따라서 모든 사회복지실천에 공통적으로 적용될 수 있는 통합적 접근의 필요성을 강조하였다(박주현 외, 2014 재인용).

스텀프(Stumph, 1970)는 "전통적 접근방법의 사회복지사는 클라이언트의 생활상의 문제에 대해 전체적으로 개입하기보다는 사회복지사의 입장에서 적절히 처리할 수 있는 문제만을 부분적으로 잘라내어 원조하는 형식을 취해 왔다"고 주장하였다. 즉, 사회복지실천방법론은 그 시대의 사회적 조건과 함께 변화되는 경향이 있다. 산업화 · 세계화되고 있는 현 시대에서는 클라이언트의 문제가 매우 다양하고 복잡하기 때문에 이것을 해결하는 데 전통적인 방법만으로는 어려움이 발생한다. 왜냐하면 전통적인 방법은 주로 제한된 특정 문제에만 개입을 하기 때문이다. 또한 사회복지실천 영역에는 강조하는 사회복지전문직은 문제에 효과적으로 대처하지 못하는 어려움이 있다(임은희, 2012). 이러한 전통적 방법의 한계를 브라이어(Briar, 1971)는 다음과 같이 제시하고 있다(김융일 외, 1995).

첫째, 전통적인 방법은 주로 제한된 특정 문제 중심의 개입을 하고 있어, 최근의 복잡한 문제 상황에 대해 적절히 개입하기 어려운 경우가 발생한다. 따라서 전통적인 방법은 이러한 외부적 환경에 의한 자체적 한계점에 도달해 있다. 둘째, 전통적 방법은 지나친 분화와 전문화로 서비스의 파편화 현상을 초래함으로써 다양한 문제와 욕구를 가지고 있는 클라이언트가 여러 기관이나 사회복지사를 찾아다녀야 하는 부담감을 야기한다. 셋째, 전문화 중심의 교육훈련은 사회복지사의 분야별 직장 이동에 도움을 주지 못한다. 넷째, 공통기반을 전제하지 않는 분화 및 전문화는 각각 별개의 사고와 언어 및 과정을 보여줌으로써 사회복지전문직인 정체성 확립에 장애가 된다.

이러한 전통적 방법의 한계를 보완하려고 분화 및 전문화되어 있는 사회복지실천방법을 통합하려는 움직임이 나타나기 시작하였다. 다양한 사회복지실천방법에서 분명히 사회복지사가 수행하는 공통적인 요소와 역할이 있다는 점에 초점을 맞추면서 사회복지실천 통합방법이 나오게 되었다.

1996년 한국사회복지학회의 학술대회 주제로 한국사회복지의 통합적 접근이 다루어졌다

제3절 통합적 방법의 주요 이론

1. 일반체계이론

1) 체계이론의 주요 개념

일반체계이론(General System Theory)은 생물학자인 버틀란피(Bertalanffy)가 1940년대에 처음 제시한 후 1960년대부터 주목을 받았다.

일반체계이론은 유기체와 환경 간의 체계적인 상호작용, 상호관련성에 대해서 전체성, 상호성, 개방성의 개념으로 설명하고 분석하려는 생물학적 이론이다. 즉, 개인과 환경은 어느 한쪽이 다른 한쪽에 일방적인 영향을 끼치는 것이 아니라 양자가 모두 원인인 동시에 결과인 상호적 원인관계(reciprocal relationships)로 형성된 전체로 파악된다. 이러한 체계적 이론은 사회복지실천의 목적과 잘 부합된다고 할 수 있는데, 문제의 파악 및 개입의 초점을 개인 또는 환경의 어느 한곳에 두기보다는 상호작용하며 영향을 주고받는 전체에 두기 때문이다. 그러므로 체계이론은 환경 속의 인간을 이해하는 데 체계가 성장과 변화를 거쳐 안정성을 유지하는 방법을 설명하는 이론이며, 다양한 체계들 간의 상호작용을 강조하는 개념이다.

(1) 체계 및 사회체계의 개념

① 체계

체계(system)란 상호작용을 하는 상호의존적인 각각의 부분들로 구성된 전체를 의미한다. 즉, 상호관계를 맺고 있는 구성단위들의 집합체이지만 구성단위들이 단순집합이 아니라 구성단위 간의 상호작용 또는 관계양상을 포함하는 하나의 전체 또는 단위를 의미한다. 이런 맥락에서 "체계의 속성은 전체는 각 부분들의 합보다 크다(The whole is more than the sum of its parts)"로 정의된다. 또한 각 체계는 상호 의존적이고 상호 연결되어 있기 때문에 한 부분의 변화는 다른 부분 또는 전체 체계의 변화를 초래하는 결과를 가져오게 된다.

체계는 정체된 것이 아니라 끊임없이 변화하는 속성, 즉 역동성(dynamic)을 가지고 있다. 이러한 속성은 사회복지실천에서 긍정적인 메시지를 제공한다. 즉, 변화가 어려워 보이는 개인 또는 가족이라 하더라도 문제와 직접적으로 연관되지 않은 한 부분의 변화가 나타나기 시작한다면, 다른 부분 나아가서는 전체의 변화를 이끌어 낼 수 있기 때문이다. 또한 체계를 이루는 각 부분들은 전체 체계의 기능에 긍정적인 역할을 하려고 하는 속성을 가지고 있기 때문에 체계는 비교적 안정된 구조를 유지하려고 하는 속성, 즉 항상성(homeostasis)을 가지고 있다. 그리고 시간이 지남에 따라서 일정한 행동규칙을 만들고 정형화된 행동방식을 취하려고 하는 속성을 가지고 있다. 따라서 사회복지사는 개입이 필요한 초점체계와 관련된 체계들이 가지고 있는 규칙들을 발견하고 이를 실천에 활용하는 것이 필요하다.

② 사회체계

사회체계(social system)는 가족, 조직, 지역사회, 사회와 문화가 포함될 수 있으며, 사회체계는 그 체계의 하위단위들과 비교적 안정된 사회계층의 모형들 내에서 부분적으로 관련되어 있다. 즉, 사회체계는 가족, 소집단, 지역사회를 포함하며, 학교, 교회, 사회기관과 같은 다양한 사회단체들을 포함한다(전재일, 1981). 이러한 체계들은 각 개인의 환경의 일부가 되며, 사회복지사들은 이러한 체계의 요구를 환경적 요구라고 한다. 기본적으로 체계이론의 핵심은 사회체계 간의 상호작용과 상호 의존성이다. 사회체계들의 일부의 변화가 그 체계 내에 있어서와 마찬가지로 다른 체계에까지 파생적 변화의 영향을 미친다. 따라서 사회체계가 존속하기 위해 반드시 수행되어야 할 기능적 요건을 적합성, 목표달성, 통합성, 잠재적 패턴 유지 및 긴장처리 등의 네 가지로 나누어 살펴보면 다음과 같다(김봉순 외, 2011).

첫째, 적합성이다. 체계는 환경으로부터 자원을 얻어 체계를 통하여 그 자원을 활용할 능력을 갖추어야 존속할 수 있다.

둘째, 목표달성이다. 체계는 목표를 설정하고, 목표들의 우선순위를 정하며, 구성부분을 동원하여 그 목표를 달성할 능력을 갖추어야 체계로서 존속할 수 있다.

셋째, 통합성이다. 체계는 부분들의 활동을 조정하고 효과적인 작업관계를 성립할 수 있는 능력을 갖추어야 한다.

넷째, 잠재적 패턴유지 및 긴장처리이다. 체계는 부분요소가 적절한 행동모형을 유지할 수 있도록 하고, 부분 간에서 제기되는 어떤 긴장이라도 처리할 능력을 갖추어야 한다.

2) 체계의 특성

체계의 특성을 구조적 특성(경계, 개방체계, 폐쇄체계, 위계), 진화적 특성(항상성, 안정상태, 평형상태), 행동적 특성(투입, 전환, 산출, 피드백, 동귀결성, 다중귀결성) 등의 세 가지 특성으로 나누어 볼 수 있는데, 구체적인 내용을 살펴보면 다음과 같다(김봉순 외, 2011; 2011; 김용환 외, 2013; 강병철 외 2013).

(1) 체계의 구조적 특성

① 경계

경계(boundary)란 체계의 범위 및 경계를 의미하는 관념적인 선으로서 특정체계의 내부와 외부를 정하는 기초가 된다(Rodway, 1986; Maguire, 2002). 예를 들어, 신체적인 경계는 피부가 되며, 사회체계의 경계(가족, 조직, 지역사회)는 덜 명확하지만 그중 가족과 관련된 예로 대가족, 핵가족, 부부, 부모, 형제자매 등을 나누는 관념적 경계들을 들 수 있다. 경계를 기준으로 에너지가 정보 교류의 양에 차이가 있으며, 명확성(clarity), 투과성(permeability), 유연성(flexibility) 등의 속성을 가지고 있다(엄명용 외, 2011).

② 개방체계

개방체계(open system)는 다른 체계와 상호 교류하는 체계이며, 체계 내 사람들이 환경 또는 다른 체계들과 빈번한 상호작용을 하는 경우를 일컫는다. 따라서 개방적인 체계는 체계 내에서뿐만 아니라, 외부로부터와 외부로의 자유로운 에너지 · 정보 · 자원의 교환을 통해 체계 자체의 기능을 유지 · 발전시킬 수 있다.

③ 폐쇄체계

폐쇄체계(closed system)는 외부체계들과 상호 교류가 없거나, 혹은 교류할 수 없는 고립된 체계를 말하며, 폐쇄체계에서는 사람들이 주로 그 체계 안에서만 상호작용을 하고 체계 밖의 환경, 혹은 다른 체계와는 상호작용을 하지 않는다. 따라서 환경의 다른 에너지에 접근이 불가능하여 자체의 에너지만을 사용해야 하기 때문에 체계의 번영과 발전이 어렵다. 이러한 현상을 엔트로피(entropy)[1]라고 한다.

④ 위계

위계(hierarchy) 상위체계에 의존하며, 또한 그것의 하위체계에게 방향을 제시한다. 이러한 하위체계와 상위체계 사이의 관계를 위계라고 한다.

(2) 진화적 특성

① 항상성

항상성(homeostasis)은 체계가 균형을 유지하거나 안정된 평형상태로 돌아가려는 것을 의미한다. 항상적인 균형은 고정된 것이 아니라 변화하는 것이며, 환경 속에서 변화하는 상황에 대한 반응으로서 자기규제(self-regulation)를 의미한다. 항상성은 자동온도조절 장치를

---

1) 엔트로피(entropy)란 분해되고 해체되고 혹은 무너지거나 사멸하게 되는 체계들의 경향을 일컫는다. 네겐트로피(negentropy) 혹은 부적 엔트로피(negative entropy)는 엔트로피의 반대 개념으로, 체계를 유지하고자 하고 발전을 도모하며 생존하는 힘을 말한다(Sheafor & Horejsi, 2008).

활용한 자기규제와도 같다. 온도가 일정 수준으로 올라가면 자동으로 전원을 차단해서 온도를 낮추고, 온도가 일정 정도 내려가면 다시 전원을 올려서 온도를 조절하는 것과 같은 이치이다(Maguire, 2002).

② 안정상태

안정상태(steady state)는 부분들과의 관계를 유지시키고 붕괴되지 않도록 에너지가 계속적으로 사용되는 상태로 체계가 거쳐 온 이전의 연속 상태를 의미한다. 환경과의 교류뿐 아니라 환경에 적응하기 위해 체계의 구조를 변화시키는 상태로서 개방체계에 존재한다. 안정상태는 모든 사회 체계의 기본 속성이며, 체계의 목표와 정체성을 유지하려는 체계의 의도적인 노력에 의해서 수정된다. 안정상태는 고도의 조직성, 복잡성, 환경에 대한 개방성이 특징을 이룬다.

③ 평형상태

평형상태(equilibrium)는 주로 폐쇄체계에서 나타나며, 체계가 고정된 구조를 가지고 주위환경과 수직적인 상호작용을 하기보다 수평적인 상호작용을 하면서 거의 교류를 하지 않는 상태이다. 즉, 외부와의 교류나 체계의 구조 변화가 거의 없는 고정된 상태를 의미한다.

(3) 행동적 특성

① 투입, 전환, 산출, 피드백

투입(input)은 체계 외부로부터 체계 내로 유입되는 에너지나 정보 등을 의미한다. 전환(throughput)은 투입물을 처리하여 체계의 기능 유지에 필요한 형태로 전환하는 작용을 의미한다. 산출(output)은 전환활동을 통해 나타나는 결과물이 체계 밖으로 나타나 다른 체계에 영향을 미치는 것을 의미한다. 피드백(feedback)은 체계가 자신의 기능을 모니터하고 안정된 상태를 유지하기 위해 필요한 것으로, 피드백을 통해 새로운 행위를 산출하거나 기존의 행위를 조절함으로써 스스로의 목적을 향해 나아가도록 하는 과정에 필요한 것이다. 부정적 피드백은 산출이 양적 혹은 질적인 면에서 기대하는 바를 충족시키지 못한다는 정보를 전달해 변화를 촉구하는 것이며, 긍정적 피드백은 산출이 바람직하다고 확인시켜 주며 안정성 혹은 현재보다 빈도나 강도를 상향조정할 것을 장려하는 것이다(Compton, Galaway & Cournoyer, 2005; 김혜영 외 2012 재인용).

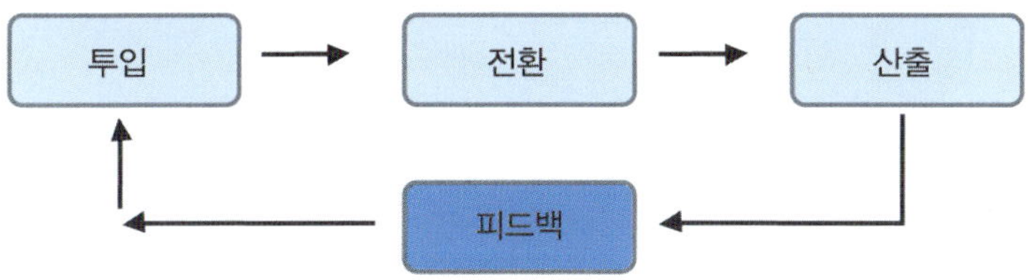

〈그림 5-1〉 투입-전환-산출-피드백 과정

② 동귀결성

동귀결성(equifinality)은 다양한 출발에서 시작해서 동일한 결과에 이른다는 뜻이다. 체계들의 초기상황이 서로 다르더라도 그 체계들이 개방되어 있어 주변의 체계들과 목적 지향적인 교류를 하면 결국 동일한 상태 또는 목적을 이끌어낼 수 있는 것이다. 또한 체계들이 개방되어 있어 서로 교류하고 있을 경우 동일한 목적을 달성하는 방법은 여러 가지가 있을 수 있다는 것을 의미한다.

③ 다중귀결성

다중귀결성(multifinality)은 똑같은 출발에서 다양한 결과에 이른다는 뜻이다. 유사한 상황에 있는 체계라 할지라도 체계 내의 구성요소들 간의 상호작용 양상, 또는 체계들과의 상호작용 양상과 특성이 다르면 최종상태도 서로 달라질 수 있음을 나타낸다. 한 가지 원인이 여러 결과를 유발할 수 있다는 개념이다. 따라서 유사한 문제를 갖고 있는 클라이언트라 하더라도 문제의 종결상태가 항상 동일하지는 않다고 할 수 있다.

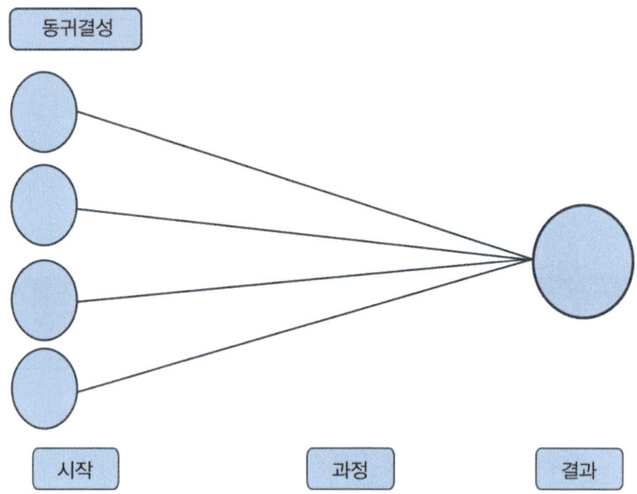

〈그림 5-2〉 동귀결성

출처 : 사회복지교육연구센터(2014).

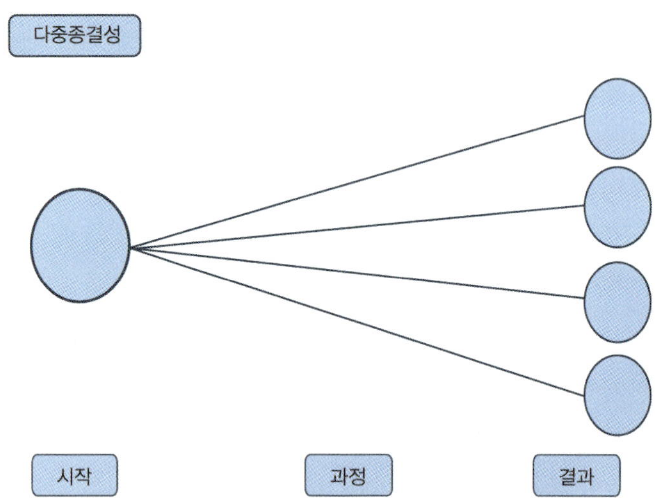

〈그림 5-3〉 다중귀결성

출처 : 사회복지교육연구센터(2014).

2. 생태체계이론

브론펜브레너(Bronfenbrenner, 1979)는 러시아에서 태어났으며, 6세에 미국으로 건너가 발달심리학으로 박사학위를 받고 코넬대학교의 교수로 재직하였다. 브론펜브레너는 아동에 대한 이해가 사회 문학적 맥락에서 이해되어야 한다는 관점을 강조하면서, 인간에 대한 이해는 인위적인 실험실 연구가 아닌 인간을 둘러싼 실제 삶의 맥락 내에서 연구되어야 한다고 주장하면서 인간이 환경과 어떻게 관계되어 있는지를 이해하는 방법으로 인간발달의 생태학을 개념화하였다. 그의 이론을 생태학적 체계이론(ecological system theory) 혹은 생태체계모델(eco-systemic model)이라는 용어로 사용되었다. 이후 저메인과 기터만(Germain & Gitterman, 1980)이 생활모델이라는 사회복지실천 모델을 제시하면서 사회복지실천에서도 생태체계관점을 적용하게 되었으며, 하나의 개체는 연결된 다양한 여러 요소들과 서로 체계적으로 상호작용한다고 보는 것이 생태체계이론의 주요 관점이다.

1) 생태체계이론의 주요 개념

생태체계이론의 주요 개념을 적소, 적합성, 적응, 수용능력, 호혜성, 경쟁, 공생, 전문화, 상호교류, 상호의존, 스트레스, 대처 등의 열두 가지로 나누어 볼 수 있는데, 구체적인 내용을 살펴보면 다음과 같다(김혜영 외, 2012; 강병철 외, 2013; 이은희 외, 2014).

① 적소

적소(niche)는 특정한 종이 가장 효과적으로 기능할 수 있는 특정한 장소나 환경 같은 것을 말한다(Sheafor & Horejsi, 2008). 우리는 어떤 환경에서 보다 잘 적응하고 기능하는 '가장 적합한(fit best)' 곳을 가지고 있는데, 적소가 그것을 의미한다.

② 적합성

적합성(goodness of fit)은 개인의 적응적 요구와 환경의 질이 어느 정도 부합되는가와 관련된 개념이다. 개인과 환경 사이의 상호작용이 성공적이고 적응적일 때, 즉 주요 타인, 사회적 조치, 정치 · 경제적 구조와 정책, 물리적 환경이 개인의 성장과 발달 그리고 물리적 및 정서적 안녕을 지지할 때 적합성이 이루어진다.

③ 적응

적응(adaptation)은 개인 대 환경의 적절한 결합을 의미한다. 유기체는 생존을 위해 환경에 의해 선택된 유전적 변천을 이용하면서 그러한 변화에 적응해야 한다. 또한 생명체들은 그들의 욕구에 적합하도록 환경을 변화시키고 이러한 변화에 적응해야만 한다. 즉, 적응은 인간이 환경과 잘 조화하기 위해 사용하는 지속적 · 변화 지향적 · 인지적 · 감각 지각적 · 행동적 과정을 말한다. 그런데 유기체가 환경을 너무 심하게 파괴시킨다면 환경은 더 이상 이들을 지원할 수 없게 되고, 마찬가지로 환경이 유기체가 요구하는 것을 제공하지 못하면 유기체의 생존이 위험하게 될 것이다. 또한 생태체계이론에서 적응상의 문제는 병리적인 것이 아니며, 개인의 욕구와 대처가 환경의 자원이나 혹은 지지와 일치하지 못하는 것으로 본다.

④ 수용능력

수용능력(carrying capacity)은 하나의 생태에서 생존할 수 있는 종의 최대숫자를 말한다. 만약 종의 숫자가 생태체계의 수용능력을 넘어서면 질병이나 기근, 약탈 등이 발생하여 해당 종의 숫자를 감소시키는 요인이 된다. 어떤 종이 급격하게 증가하거나 감소하면 수용능력을 초과해 생태체계의 건강과 생존에 필요한 균형이 깨진다.

⑤ 호혜성

호혜성(reciprocity)은 발달과 생존을 위해 필요한 자원을 환경으로부터 받으며, 호혜적으로 환경은 생명체의 산물을 통해 보다 분화되고, 보다 풍부하고 다양하게 생명체를 지원할 수 있게 된다. 그러나 이러한 호혜적 과정들은 항상 순조롭지만은 않다.

⑥ 경쟁

경쟁(competition)은 생태학적 공동체를 형성하는 주요 과정이다. 자원이 제한된 경우 생태체계를 구성하는 다양한 종은 생존을 위해 경쟁하게 된다.

⑦ 공생

공생(symbiosis)은 상호작용을 통하여 한쪽 또는 상호 이익을 주는 두 종 간에 빈번한 상호작용을 말한다. 공생에는 악어와 악어새처럼 서로 도움을 주는 상호부조(mutualism), 다른 종에게 해로움도 유익함도 주지 않고, 한 종만 도움을 얻는 편리 공생(commensalism), 숙주가 해를 입는 반면 기생하는 쪽은 유익함을 얻는 기생(parasitism) 등이 있다.

⑧ 전문화

전문화(specialization)는 적응의 한 형태이다. 전문화가 경쟁을 감소시키는 이점이 있지만 전문화된 종은 급변하는 환경의 영향에 더 취약하다. 일반적으로 전문화는 상대적으로 안정된 환경에서 종의 생존력을 향상시키지만 극변하는 환경에서는 생존력이 감소하게 된다(Sheafor & Horejsi, 2008).

⑨ 상호교류

상호교류(transaction)는 인간이 다른 환경의 사람과 의사소통하고 관계를 맺는 것을 말한다. 무언가 전달하고 교화하는 것이기 때문에 활동적이고 역동적이며, 긍정적이거나 부정적일 수 있다.

⑩ 상호의존

상호의존(interdependence)은 한 개인이 다른 사람이나 집단에 의존하고, 의지하는 것을 말한다. 고도의 산업사회에서 인간은 생존하기 위해 서로 필요한 상호의존관계에 있다.

⑪ 스트레스

인간과 환경 간의 복잡한 상호작용 속에서 일상적이고 적응적인 균형 또는 적응적 적합성상에 혼란이 일어날 수 있는데 이것을 스트레스라고 한다. 즉, 일상적 균형이 깨질 수 있는 외부의 압력을 말한다.

⑫ 대처

대처(coping)는 적응의 한 형태로 문제를 극복하기 위해 노력하는 것을 의미한다. 스트레스를 경험함으로써 자연적으로 발생하게 되는 대처기술은 정서적 고통을 통제하기 위하여 개인이 수행하는 행동이다. 대처 능력을 갖추기 위해서는 내적 자원과 외적 자원이 필요하다. 내적 자원에는 자존감과 문제해결 기술이 포함된다. 외적 자원에는 가족, 사회적 관계망 그리고 조직의 자원이 포함된다.

2) 생태체계의 구성

생태체계의 구성을 미시체계, 중간체계, 거시체계, 외부체계, 시간체계 등의 다섯 가지로 나누어 볼 수 있는데, 구체적인 내용을 살펴보면 다음과 같다(사회복지교육연구센터, 2014).

① **미시체계**(micro system)

첫째, 개인 혹은 인간이 속한 가장 직접적인 사회적·물리적 환경들이다.

둘째, 인간은 넓은 의미에서 생리적·심리적·사회적 체계의 한 형태이며, 이러한 인간이 속해 있는 모든 체계는 상호작용이다.

셋째, 미시체계는 인간과 직접적이고 대면적인 상호작용을 함으로써 인간에게 미치며, 미시체계 내에서 아동과 부모, 또래, 교사와 같은 요인들 간에는 직접적인 상호작용이 이루어진다.

넷째, 개인의 특성과 성장 시기에 따라 미시체계가 달라진다. 예를 들어, 어릴 때는 가족이 가장 중요하지만 청소년기에는 또래집단이 더 큰 영향을 미칠 수 있다.

ex) 아동의 입장에서 부모, 친구, 학교 등

② **중간체계**(mezzo system)

첫째, 두 가지 이상의 미시체계들 간의 관계 혹은 특정한 시점에서 미시체계들 간의 상호작용을 의미한다.

둘째, 가족, 직장, 여러 사교집단 등 소집단 혹은 가족과 같은 개인을 둘러싸고 있는 두 가지 이상의 환경에서 일어나는 과정과 연결성을 말한다.

ex) 아동의 입장에서 학교(교사)와 가정(부모) 간의 관계, 형제간의 관계, 가정과 또래집단과의 관계 등

③ **거시체계**(macro system)

첫째, 개인이 속한 사회의 이념이나 제도의 일반적인 형태 혹은 개인에게 영향을 미치는 환경요소를 말한다.

둘째, 미시체계, 중간체계, 외부체계에 포함된 모든 요소뿐만 아니라 개인이 살고 있는 문화적 환경까지 포함한다.

셋째, 개인의 생활에 직접적으로 개입하지는 않지만 간접적으로도 강한 영향력을 발휘하며, 하위체계에 대한 지지기반과 가치 준거를 제공해 준다.

넷째, 개별 미시체계(개인)는 사회환경 속에서 상호작용하는 거시체계의 영향을 지속적으로 받는다.

다섯째, 사회복지실천에서 거시적 접근은 사회 전반을 개선하고 바꾸는 일에 참여하는 것이다.

ex) 정치, 경제, 사회, 법, 문화, 관습 등

④ **외부체계**(exo system)

첫째, 개인과 직접 상호작용하지는 않으나 미시체계에 영향을 주는 사회적 환경들을 말한다.

둘째, 개인은 외부체계에 직접 참여하지는 않지만 이러한 환경들은 인간의 행동에 여러 가지 영향을 미친다. 예를 들어, 어머니의 취업 여부에 따라 아동의 생활패턴이 달라지는 것도 외부체계의 영향이라고 할 수 있다.

ex) 부모의 직장, 대중매체, 정부기관, 교통통신시설, 문화시설 등

Maguire, L.(2002). Clinical Social Work, Beyond Generalist Practice with Individuals, Groups, and Families. Thomson learning Inc.

Miley, K., O'melia, K. & Dubois, B. L.(1995). Generalist social work practice : An empowerling approach. Boston : Allyn and Bacon.

NASW(1981). NASW Standards for the Classification of Social Work Practice. Washington, D.C. NASW.

Perlman, H. H.(1957). Perspectives on Social Casework. Philadelphia : Temple Univ. of Chicago Press.

Pincus, A. & Minahan, A.(1973). Social work practice : Model and Method. Itasca. IL : Peacock Publishers.

Rodway, M. R.(1986). System Theory. In Turner, F. & Kendall, K. A.(eds.), Social Work Treatment. The Free Press. 514-540.

Sheafor, B. W., Horejsi, C. R. & Horejsi, G. A.(1997). Techniques and guidelines for social work practice. Needham Heights, 서울대사회복지실천연구회.(2000). 사회복지실천 기법과 지침. 나남출판.

Sheafor, B. W., Horejsi, C. R. & Horejsi, G. A.(2008). Techniques and guidelines for social work practice(8th eds.). Pearson Education, Inc.

Turner F. J.(1996). Social Work Treatment. ed. 연세사회복지실천연구회 역.(2004). 나남출판.

제 6 장

사회복지실천 현장의 이해

3) 현장 간의 교류와 연계에 도움

사회복지사가 사회복지실천현장을 두루 알고 있으면 다른 관련 현장과 교류하는 데 크게 도움이 된다. 특히 사회복지실천현장 간의 연계 프로그램이 강조되고 있는 상황에서 사회복지사가 현장을 폭넓게 이해하고 있다면, 자신의 활동 범위를 확대할 수 있는 강점을 갖는 것이다.

4) 삶의 현장으로서 교훈

사회복지실천현장은 삶의 장으로서 매우 열악한 곳이다. 그래서 이들 현장은 이를 접하는 사람들에게 항상 교훈적이다. 이런 교훈의 현장에서 일하는 사회복지사는 현장이 주는 의미를 순수하게 받아들이고 이를 생활의 교훈으로 삼을 수 있는 기회를 갖는다. 그러므로 사회복지사가 종종 어려운 환경에 처해 있는 클라이언트들과 함께하는 것을 일이라기보다는 참다운 인간의 길을 위한 수행으로 받아들일 수도 있다. 따라서 보호관찰당국이 사회봉사명령 대상자를 공공기관에서보다 사회복지기관에서 집행하는 것이 효과가 더 높게 나타났다는 신완섭(2003)의 연구결과를 통해 확인할 수 있다.

제2절 사회복지실천 현장의 분류

현대사회에서 인간은 복잡 다양한 사회환경 속에서 많은 경험을 하며 삶을 영위하고 있다. 이러한 시대적 흐름 속에 사회복지실천 현장은 새로운 욕구를 가진 클라이언트와 직면하게 될 것이며, 이들을 원조하기 위한 프로그램 및 사회서비스도 많은 변화가 있어야 할 것이다. 따라서 사회복지실천 현장을 분류하면 다음과 같다(사회복지교육연구센터, 2014).

1. 기관의 기능 혹은 목적에 따른 분류

1) 사회복지실천 1차 현장

기관의 주된 기능과 목적이 사회복지서비스를 제공하는 것이다. 일반적으로 사회복지사들이 중심이 되어 활동한다. 예를 들면, 지역사회의 종합사회복지관, 노인복지관이 사회복지서비스를 제공한다.

2) 사회복지실천 2차 현장

기관의 일차적인 기능이 따로 있으며, 필요에 의해 사회복지서비스를 제공한다. 또한 사회복지서비스가 기관의 목표달성과 서비스의 효과성에 미치는 긍정적 영향이 인정되어 사회복지실천이 부분적으로 수행되는 실천현장을 말한다. 예를 들면, 학교, 병원, 교정시설, 기업, 의료기관, 동주민센터, 보건소, 모자보건센터, 국 · 공립보육시설, 민간보육시설, 직장보육시설, 노인요양시설, 노인전문병원 등에서 사회복지서비스를 제공한다.

2. 기관 설립주체 및 재원조달 방식

1) 공공기관

정부의 지원에 의해 운영되며, 사회복지사의 업무는 정부규정이나 지침에 의해 규정된다. 또한 서비스를 계획하고 관리, 지원하는 행정체계와 서비스를 직접 제공하는 집행체계로 나뉜다. 여기에 각종 사회보험 프로그램과 공공부조 프로그램 등이 모두 포함된다. 예를 들면, 주민자치센터나 구청이나 시청의 사회복지과 등이 있다(김혜영 외, 2012).

2) 민간기관

사회복지 관련 사업을 목적으로 하는 기관으로서 기부금이나 후원금, 재단 전입금, 기타 서비스 이용료 등을 주요 재원으로 한다. 또한 서비스를 직접 제공하는 사회서비스 기관과 간접서비스나 행정지원을 위해 조직된 협의체로 나뉜다. 예를 들면, 사회복지법인이나 재단, 사단법인, 종교단체, 시민사회단체 등이 있다.

3. 서비스 제공 방식

1) 행정기관 : 간접서비스 제공

사회복지서비스 전달체계를 효율적으로 운영하기 위해 행정업무를 수행하고 기관 간 연계 및 협의 업무를 담당한다. 업무상 사회복지사의 개입이 필요하거나 혹은 사회복지실천 현장과의 교류가 필요하기 때문에 사회복지실천 현장으로 중요하다. 예를 들면, 중앙정부의 사회복지 행정기관의 보건복지가족부, 노동부, 교육과학기술부, 문화체육관광부 등이 있으며, 민간행정조직으로 사회복지협의체 등이 있다.

2) 서비스 기관 : 직접서비스 제공

주요 대상이나 문제영역에 따라서 서비스기관이 분류되며 클라이언트에게 직접서비스를 제공하는 것을 목적으로 한다. 예를 들면, 보육시설, 지역사회복지관, 아동상담소 등이 있다.

4. 주거서비스 제공 여부

주거서비스 제공 여부에 따라 생활시설, 이용시설로 분류할 수 있다. 주거서비스를 포함한 제반 사회복지 서비스를 제공하는 기관이 생활시설이며, 주거 서비스는 제공하지 않고 지역사회에 거주하는 클라이언트를 대상으로 사회복지 서비스를 제공하는 기관은 이용시설이다. 그 밖에 중간시설, 지원시설 등이 있는데, 구체적으로 살펴보면 다음과 같다.

1) 생활시설

생활시설이란 주거서비스를 포함한 사회복지서비스를 제공하는 기관이다. 아동 · 노인 · 장애인 · 모자가정 · 성폭력 피해자 · 노숙인 등에게 의식주 등에 대한 사회복지서비스를 24시간 제공하는 사회복지실천 현장이다.

(1) 아동양육시설

보호대상아동을 입소시켜 보호, 양육 및 취업훈련, 자립지원 서비스 등을 제공하는 것을 목적으로 하는 시설이다.

(2) 아동보호치료시설

불량행위를 하거나 불량행위를 할 우려가 있는 아동으로서 보호자가 없거나, 친권자나 후견인이 입소를 신청한 아동, 가정법원, 지방법원 소년부지원에서 보호 · 위탁된 아동을 입소시켜 그들을 선도하여 건전한 사회인으로 육성하는 것을 목적으로 하는 시설이다.

(3) 아동일시보호시설

보호대상아동을 일시보호하고 아동에 대한 향후의 양육대책수립 및 보호조치를 행하는 것을 목적으로 하는 시설이다.

(4) 노인주거복지시설

양로시설, 실비양로시설, 유료양로시설, 실비노인복지주택 및 유료노인복지주택에 노인을 입소시켜 무료 · 유료 및 저렴한 요금으로 주거 편의 · 생활지도 · 상담 · 안전관리 등 일상생활에 필요한 서비스 제공을 목적으로 하는 시설이다.

(5) 노인의료복지시설

노인요양시설, 실비노인요양시설, 유료노인요양시설, 노인전문요양시설 및 유료노인전문요양시설에 노인 또는 치매 · 중풍 등 중증의 질환노인을 입소시켜 무료 · 유료 또는 저렴한 요금으로 주거 편의 · 생활지도 · 상담 · 안전관리 등 일상생활에 필요한 서비스의 제공을 목적으로 하는 시설이다.

(6) 장애인 거주시설

거주공간을 활용하여 일반가정에서 생활하기 어려운 장애인에게 일정기간 동안 거주 · 요양 · 지원 등의 서비스를 제공하는 동시에 지역사회생활을 지원하는 시설이다.

(7) 모자보호시설

생활이 어려운 모자가정을 일시 또는 일정기간 수용하여 생계를 보호하고 퇴소 후에 자립기반을 조성하도록 지원하는 것을 목적으로 하는 시설이다.

(8) 모자자립시설

자립이 어려운 모자가정에 대하여 일정기간 주택편의만을 제공함을 목적으로 하는 시설이다.

(9) 성폭력 피해자 보호시설

성폭력 피해자 등의 보호 및 숙식 제공, 피해자들의 심리적 안정과 사회 적응을 위한 상담 및 치료, 자립 · 자활 교육의 실시와 취업정보의 제공 등을 목적으로 일반보호시설, 장애인보호시설, 특별지원 보호시설, 자립지원 공동생활시설이 있다.

(10) 정신요양시설

정신의료기관에서 의뢰된 정신질환자와 만성질환자를 입소시켜 요양과 사회복귀촉진을 위한 훈련을 행하는 시설이다.

(11) 노숙인 재활시설

신체 및 정신장애 등으로 자립이 어려운 노숙인 등에게 치료 및 재활서비스를 제공하는 시설이다.

2) 이용시설

이용시설이란 주거서비스는 제공하지 않으며, 자신의 집에 거주하는 클라이언트를 대상으로 사회복지서비스를 제공하는 기관이다. 즉, 생활시설 생활인 또는 지역주민들을 이용하게 하여 사회복지 서비스를 제공하는 사회복지실천 현장으로 설치목적에 따라 다음과 같은 사회복지시설들을 살펴보도록 한다.

(1) 아동 · 모자가정 · 여성복지 · 가정폭력 · 성폭력피해상담소

아동과 그 가족의 문제, 모자가정, 여성, 가정폭력 및 성폭력피해 등에 관한 상담, 치료, 예방 및 연구 등을 목적으로 하는 시설이다.

(2) 아동전용시설

어린이공원, 어린이놀이터, 아동회관, 체육, 연극, 영화, 과학실험전시시설, 아동휴게숙박시설, 야영장 등 아동에게 건전한 놀이 · 오락, 기타 각종 편의를 제공하여 심신의 건강유지와 복지증진에 필요한 서비스를 제공하는 것을 목적으로 하는 시설이다.

(3) 아동상담소

아동과 그 가족의 문제에 관한 상담, 치료, 예방 및 연구 등을 목적으로 하는 시설이다.

(4) 아동보호전문기관

학대아동의 발견, 보호, 치료에 대한 신속한 처리 및 아동학대예방을 전담하는 시설이다.

(5) 지역아동센터

지역사회 아동의 보호 · 교육, 건전한 놀이와 오락의 제공, 보호자와 지역사회의 연계 등 아동의 건전육성을 위하여 종합적인 아동복지서비스를 제공하는 시설이다.

(6) 노인여가복지시설

노인복지회관, 경로당, 노인교실, 노인휴양소, 노인전문병원에서 무료 또는 저렴한 요금으로 노인에 대하여 각종 상담에 응하고, 건강의 증진 · 교양 · 오락 · 사회활동 · 자원봉사 등의 노인복지 증진에 필요한 편의를 제공함을 목적으로 하는 시설이다.

(7) 여성복지관

지역여성의 능력개발 기회 제공과 기술 · 기능교육으로 경제적 자립기반을 조성하고, 여성의 사회참여 기회를 확대하여 지역여성의 복지증진과 건전 가정육성, 지역사회복지를 위한 편의를 종합적으로 제공하는 것을 목적으로 하는 시설이다.

(8) 보육시설

국·공립보육시설, 민간보육시설, 직장보육시설 및 가정보육시설에서 보호자가 근로 또는 질병 등의 사정으로 영유아를 보호하기 어려운 경우에 보호자의 위탁을 받아 영유아를 보육하는 시설이다.

(9) 장애인복지관

장애인에 대한 각종 상담 및 사회심리재활시설·교육·직업·의료재활 등 장애인의 지역사회생활에 필요한 종합적인 재활서비스를 제공하고, 장애에 대한 사회적 인식개선사업을 수행하는 시설이다.

(10) 정신의료기관

의료법에 의한 정신병원·정신과의원 및 병원급 이상의 의료기관에 설치된 정신과 및 보건소에서 정신질환의 예방, 정신질환자의 발견, 상담·진료 및 사회복귀훈련 등 지역사회 정신보건사업의 수행을 위한 시설이다.

(11) 입양기관

보호자가 없거나 보호자로부터 이탈된 아동, 또는 보호자가 학대하는 경우 등 그 보호자가 아동을 양육하기에 부적당하거나 양육할 능력이 없는 경우의 아동에게 건전하게 양육될 수 있는 다른 가정을 제공하기 위하여 필요한 조치와 지원을 하기 위해 설치된 시설이다.

(12) 사회복지관

지역사회 내에서 일정한 시설과 전문 인력을 갖추고 지역사회의 인적·물적 자원을 동원하여 지역사회 문제를 해결하고 주민의 복지욕구를 충족시키기 위한 종합적인 사회복지사업을 수행하는 사회복지시설이다.

3) 중간시설

중간시설은 생활시설 · 병원 · 교도소에서 가정이나 사회로 복귀하기까지 이용하는 중간의 시설 또는 의료 · 재활과 복지가 통합된 시설로 설치목적에 따라 다음과 같은 사회복지시설들을 살펴보도록 한다.

(1) 일시보호시설

보호를 필요로 하는 아동 · 가정폭력 · 성폭력 피해자를 일시보호, 신체적 · 정신적 안정회복과 가정 · 사회복귀 원조 등을 위해 설치된 시설이다.

(2) 자립지원시설

아동복지시설에서 퇴소한 자에게 취업준비기간 또는 취업 후 일정기간 보호함으로써 자립을 지원하는 것을 목적으로 하는 시설이다.

(3) 아동단기보호시설

일반가정에 아동을 보호하기 곤란한 일시적 사정이 있는 경우 아동을 단기간 보호하며, 가정복지에 필요한 지원 조치를 하는 것이 목적인 시설이다.

(4) 재가노인복지시설

가정봉사원파견시설, 주간보호시설 및 단기보호시설에서 신체적 · 정신적 장애로 일상생활을 영위하기 곤란한 노인이 있는 가정에 가정봉사원을 파견하거나, 부득이한 사유로 가족의 보호를 받을 수 없는 심신이 허약한 노인과 장애노인을 낮 동안 또는 단기간 시설에 입소시켜 필요한 보호 및 각종 편의를 제공하여 노인 및 노인가정의 복지증진을 도모하기 위한 시설이다.

(5) 장애인재활시설

장애인에게 전문적인 상담 · 치료 · 훈련 등을 제공하거나 여가 및 사회참여 활동 등에 필요한 편의를 제공하기 위한 것으로 장애인의료재활시설, 장애인주간보호시설, 장애인단기보호시설, 장애인공동생활가정 등과 직업재활을 위한 장애인작업활동시설, 장애인보호작업시설, 장애인근로작업시설, 장애인직업훈련시설 및 장애인생산품판매시설이 이에 포함된다.

(6) 미혼모시설

미혼여성이 임신을 하였거나 출산을 하였을 경우 안전하게 분만하게 하고 심신의 건강을 회복할 때까지 일정기간 보호함을 목적으로 하는 시설이다.

(7) 정신장애인 사회복귀시설

정신장애인을 정신의료기관에 입원시키거나 정신요양시설에 입소시키지 않고 사회복귀 촉진을 위한 훈련을 행하는 시설이며, 생활훈련, 직업훈련시설 등이 이에 포함된다.

(8) 자립자활시설

윤락행위 등 방지법에 의한 요보호자 또는 선도보호시설에서 퇴소한 자 중 사회적응이 곤란하거나 거주할 곳이 없는 자로서 본인이 희망하는 경우 6개월의 범위 내에서 숙식 · 직업알선 등을 제공하여 사회적응을 용이하게 하는 시설이다.

4) 지원시설

지원시설은 생활시설, 이용시설 또는 중간시설 본래의 설립목적을 보다 원활하게 수행하도록 지원하는 사회복지기관 · 법인, 중간단체 및 직능단체로 다음과 같은 사회복지시설들을 살펴보도록 한다.

(1) 자활후견기관

국민기초생활보장법에 의해 수급권자 및 이와 생활수준이 유사한 자를 대상으로 자활의욕 고취를 위한 교육, 자활을 위한 정보 제공 · 상담 · 직업교육 및 취업알선, 생업자금의 융자 알선, 자영창업 지원 및 기술 · 경영지도, 자활공동체의 설립 · 운영지원 및 기타 자활을 위한 각종 사업을 전개하기 위한 목적으로 하는 시설이다.

(2) 사회복지공동모금회

사회복지공동모금사업, 공동모금재원의 배분, 공동모금재원의 운용 및 관리, 조사 · 연구 · 홍보 및 교육훈련, 지회 운영, 국제교류 및 협력증진사업, 다른 기부금품 모집자와의 협력사업 등을 목적으로 설치된 시설이다.

(3) 사회복지협의회

사회복지에 관한 조사연구 및 정책건의, 사회복지에 관한 교육훈련, 사회복지에 과한 자료수집 및 간행물 발간, 사회복지에 관한 계몽 및 홍보, 자원봉사활동의 진흥, 사회복지사업에 종사하는 자의 교육훈련과 복지증진, 사회복지에 관한 학술도입과 국제사회복지단체와의 교류 등의 사업을 수행하는 시설이다.

(4) 직능단체

자활후견기관협회 등의 각 시설협회, 사회복지사협회, 장애인재활협회 등이 있다.

그 밖에 장애인지역사회재활시설 중에서 수화통역센터, 점자도서관, 점서 및 녹음서 출판시설 등이 있다.

5) 기타 관련 사회복지실천 현장

(1) 학교사회복지

학교에 사회복지서비스가 제공된 것은 1987년 교육부에서 시범사업을 시작하면서 실시되었으나, 현재까지도 공식적인 학교사회복지의 법제화는 이루어지지 않았다. 현재 학교사회복지사는 해당 학교에 계약직이나 정규직으로 채용되어 활동하거나 지역사회복지기관에 소속된 상태로 학교에 파견되는 형태로 운영되고 있다. 학교사회복지는 학교의 교육 기능과 목적을 달성하도록 도와주는 사회복지실천의 전문 분야이다(한인영 외, 1997). 그리고 학교사회복지사는 학생과 학생을 둘러싼 환경 중 학교와 가정 그리고 지역사회의 관계를 증진시키고 서로 보완, 협력할 수 있도록 중재하고 연계하는 방법을 통해 학생의 다양한 욕구를 충족시키는 서비스를 제공한다.

학교-가정-지역사회의 연계망을 구축하여 학생들이 학교에 적응하지 못하고 중도 탈락하는 것을 예방하는 안전망을 제공하는 것이 학교 사회복지의 일차적 기능이다. 특별히 학교사회복지는 사회문제로 대두되고 있는 학교폭력을 포함하여 여러 유형의 청소년비행과 범죄를 해결하기 위한 노력을 기울이고 있다. 대부분의 선진국에서 학교사회복지는 법제화되어 사회복지의 중요한 한 부분으로 기능하고 있으므로, 우리나라도 학교사회복지의 법제화를 시급히 도입해야 할 것이다.

(2) 군사회복지

우리나라는 징병제를 실시하는 국가이며, 대부분의 청년들이 군대를 경험한다. 그러나 이들을 위한 실질적인 사회복지서비스는 실시되지 않고 있다. 군대는 매우 특수한 조직이므로 그 특수성을 감안해야 하지만, 여전히 군인들을 위한 사회복지서비스는 필요하다. 특히 최근 발생하는 군대 내의 폭력과 성폭력, 자살이나 총기사건 등에 대한 사회복지적 개입이 필요하다. 또한 군대는 스트레스가 매우 높은 조직이므로 군인들을 위한 정신적 · 심리적 서비스도 필요한 것으로 보인다. 이들을 위한 사회복지서비스는 매우 시급하며, 다행히 군사회복지학회가 조직되어 활동하고 있는데 앞으로 이 분야도 사회복지의 한 분야가 될 수 있도록 개척이 필요하다(강병철 외, 2013).

(3) 교정복지

교정기관과 시설은 법무부의 교정국과 보호국 산하 기관과 시설, 즉 지방교정청과 교도소 등을 포함하는 교정기관과 시설, 소년원, 보호관찰소 등의 보호시설로 구분하는 이들 현장은 사회복지실천 현장이다. 이들 기관과 시설에서 사회복지사는 범죄자나 비행 청소년의 재활 및 사회복귀를 돕고, 범죄의 처벌 대신 사회 적응을 도움으로써 지역사회의 범죄 예방 및 문제해결을 도모하는 역할을 수행할 수 있다. 실천 대상은 범죄자 및 비행 청소년 피해자와 그들의 가족, 범죄가 발생한 지역사회 등이다(김용환 외, 2013).

그 밖에 청소년기본법에 의한 청소년수련시설, 청소년상담원, 자원봉사센터 등의 관련기관, 고령자고용촉진법에 의한 고령자인재은행, 장애인고용촉진 및 직업재활법에 의한 한국장애인고용촉진공단, 산업재해보상보험법에 의한 근로복지공단 등이 있다.

제3절 사회복지사의 역할

사회복지실천현장에 종사하는 사회복지사의 역할에 관해 서비스 직접 제공자, 체계연결자, 체계개발자, 체계유지와 강화 역할, 연구자와 조사활용자 등의 다섯 가지로 나누어 볼 수 있다. 구체적인 내용은 다음과 같다(강병철 외, 2013; 김용환 외, 2013; 박주현 외, 2014).

1. 서비스 직접 제공자

1) 가능케 하는 자

가능케 하는 자(enabler)로서의 사회복지사 역할은 클라이언트 자신의 감정을 더욱더 잘 이해하고, 행동을 수정하며, 문제 상황에 대처하도록 도움으로써 그들의 사회적 기능을 향상시킨다.

2) 조력자

조력자로서의 사회복지사 역할은 클라이언트의 위기상황에서 다양한 스트레스에 대처하도록 돕는다. 조력자의 기술은 희망을 전하고, 저항이나 양가감정을 줄여 주며, 인식 · 관리하고 개인의 강점이나 사회적 자원을 발굴하고 지지해 주는 것 등이다.

3) 교육자

교육자로서의 사회복지사 역할은 클라이언트와 다른 체계에 정보를 제공하며, 기술을 가르치는 일을 포함한다. 즉, 좋은 교육자가 되기 위해 사회복지사는 관련 분야의 많은 전문 지식과 정보를 갖추어야 한다. 또한 청소년에게 성교육을 제공하거나, 부모들에게 아동 양육기술을 가르치고, 장애인에게 사회기술훈련을 시키는 등 클라이언트에게 필요한 구체적 행동이나 기술을 가르치는 것이다. 더불어 효과적인 교육자가 되기 위해 사회복지사는 정보를 명확히 전달하고 이해시키기 위한 효율적 의사소통이 필요하다.

2. 체계연결자

1) 중개자

클라이언트를 적절한 인간자원과 연결시키는 사회복지사의 역할이다. 사람을 자원과 연결시키기 위해서는 지역사회의 자원에 대해 잘 파악하고 있어야 적절하게 의뢰할 수 있다. 연결 담당자와 좋은 업무관계를 유지하면서 자원체계의 정책을 잘 파악하고 있는 것이 성공적 의뢰의 필수요소이다.

2) 클라이언트 옹호자

사회복지전문직이 생겨난 이래 줄곧 수행해 온 역할이 옹호이다. 특히 클라이언트 집단에 대한 옹호는 자원연결의 측면에서 볼 때, 클라이언트를 대신하여 자원과 서비스를 획득하는 활동과정을 의미한다. 옹호자의 역할은 클라이언트를 위해 일을 진행하고 대변하는 것으로, 특히 클라이언트가 필요한 것을 얻을 힘이 거의 없을 때 적절하다.

3) 중재자

중재자의 역할은 서로 다른 두 집단 간의 갈등이나 이해관계를 해결하여 서로 간에 만족스러운 결과를 얻을 수 있도록 도와주는 역할이다. 가령, 노동자와 고용주 사이의 갈등 또는 집주인과 세입자의 갈등이 있을 때 양측의 이해관계를 고려하여 최선의 해결책을 제시하고 서로에게 만족을 주도록 도와주는 것이다. 중재자의 역할을 수행하는 사회복지사는 양쪽의 입장을 정확히 이해하여 어느 한쪽의 입장을 편파적으로 지지하지 않고 중립적 위치에서 갈등을 해결해 나가는 것이 매우 중요하다.

4) 사례관리자/조정자

사례관리자 또는 조정자의 역할은 클라이언트의 욕구나 문제가 무엇인지를 파악한 후 문제해결을 위해 필요한 자원이나 서비스를 개발하고 연계시켜 주며, 이러한 서비스가 원래의 목표에 따라 지속적으로 잘 제공되고 있는지를 관리하고 도와주는 역할이다. 가령, 장애아동의 경우 장애와 관련한 서비스 외에도 교육이나 친구, 가정환경 등 건강한 발달을 돕기 위한 다양한 서비스가 필요하다. 따라서 한 명의 사회복지사나 특정 복지 기관의 제한된 자원만으로는 이러한 클라이언트의 문제를 효과적으로 해결하기가 어렵다. 그러므로 사회복지사는 지역사회의 사회복지관, 학교, 병원, 재활치료센터, 상담기관 등과의 긴밀한 연계를 통해 이러한 클라이언트를 도와줄 수 있다.

3. 체계개발자

1) 프로그램 개발자

사회복지사는 클라이언트의 욕구 발생에 대응하여 서비스를 개발할 기회가 있다. 예를 들어 교육적인 프로그램, 지지집단, 기술개발 프로그램 등이 있는데, 현재 사용하는 개입에 대한 자료수집 등을 사정하여 기관의 서비스를 확대하거나 증진시켜야 한다.

2) 기획가

사회복지사는 지역사회 기획가에 대한 접근성이 떨어지는 작은 지역사회, 시골 지역, 신흥도시에서 보통 지역사회 지도자와 함께 기획하는 역할을 맡을 필요가 있다. 이 역할에서 그들의 공식, 비공식적으로 영향력 있는 사람들과 함께 욕구의 발생에 대응하여 프로그램들을 계획한다. 그러한 욕구들은 아동보호 프로그램, 노인과 장애인들을 위한 운송 수단, 레크리에이션 프로그램, 건강보호 프로그램 등을 포함한다.

3) 정책 및 절차개발자

정책과 절차개발과정에서 사회복지시가 참여하는 것은 클라이언트에게 서비스를 제공하는 기관의 범위로 한정된다. 사회복지사는 사회복지실천현장에 있기 때문에 클라이언트의 욕구를 평가하고, 어떤 정책과 절차가 클라이언트의 관심에 부합되는지를 파악할 수 있다.

4. 체계유지와 강화 역할

1) 팀 구성원

사회복지사는 많은 기관에서 클라이언트의 문제와 서비스 전달에 협력하는 임상 팀의 일원으로 활동하게 된다. 팀 구성은 내과 의사, 심리학자, 정신과 의사, 사회복지사, 간호사, 교사, 작업치료사, 레크리에이션 치료사 등으로 이루어진다.

2) 촉진자

촉진자는 집단의 지도자 역할을 담당한다. 사회복지사는 가족치료집단이나 과업집단, 교육집단, 자조집단, 감수성훈련집단, 그 밖의 다른 목적을 가진 집단에 개입한다. 촉진자 역할은 거시적 실천에도 적용할 수 있다. 이때 사회복지사는 사람을 모으고, 의사전달 통로를 만들고, 활동이나 자원을 전달하며, 전문지식이나 기술에 접할 수 있도록 하여 변화노력을 촉진해야 하는 책임이 있다.

3) 조직분석가

서비스 전달에 부정적 영향을 미치는 기관의 구조와 정책절차 등을 분석하고 지적하는 활동으로, 조직이론과 행정이론에 대한 지식을 갖추고 있어야 한다.

4) 자문가/조언을 받는 사람

사회복지사는 자문을 제공하고 받는 역할을 모두 수행할 수 있다. 즉, 사회복지시가 전문지식을 가지고 자문제공자로서 해야 할 역할도 있지만, 약물남용, 아동학대, 성 문제 등과 같은 전문지식이 필요한 문제에 대해서는 그 분야의 전문가로부터 조언을 받아야 한다.

5. 연구자와 조사활용자

연구자는 관심 있는 주제에 관한 문헌연구나 자신의 실무에 대한 평가, 프로그램에 대한 분석, 지역사회 욕구조사 등의 활동을 통해 이론적 또는 실천적인 전문직으로 발전시키는 활동을 수행하는 역할을 한다. 즉, 지식 개발을 위해 조사나 연구 등을 수행하고 관련 분야에서의 조사, 연구 및 실무의 진행과 평가 등을 통해 전문 이론의 발전을 도모하고 동료들과 그 결과를 공유한다. 또한 사회복지사는 자신이 제공한 서비스를 과학적이고 체계적으로 평가할 책임이 있으며, 이러한 과정을 위해 사회복지사는 연구를 수행하고 또한 연구들을 활용해야 한다.

참고문헌

강병철 외(2013). 최신 사회복지실천의 이해. 동문사.

김용환 외(2013). 사회복지실천론. 동문사.

김혜영 외(2012). 사회복지실천론. 공동체.

남연희 외(2012). 사회복지실천론. 공동체.

박주현 외(2014). 사회복지실천론. 창지사.

사회복지교육연구센터(2014). 사회복지설천론. 나눔의집.

신완섭(2003). 사회봉사명령의 집행을 통한 사회복지적 접근에 관한 연구. 한국보호 관찰학회 학술대회자료집.

최옥채(2010). 사회복지실천론. 양서원.

한인영 외(1997). 학교와 사회복지. 학문사.

제 7 장

사례관리

제1절 사례관리의 도입배경

사례관리는 1863년에 설립된 매사추세츠의 자선위원회에서 시작되었으며, 이는 지금의 일반사회복지사(generalist social workers)의 실천형태이다. 사례관리는 리치몬드(Richmond) 시대 이후 사회복지의 전통적인 분야로 자리 잡았고(Jonson & Rubin, 1983; O'Connor, 1988), 인보관 운동과 자선조직협회에서 그 기원을 찾아볼 수 있다(Rubin, 1987; Vourlekis & Green, 1992).

1970년대와 87년 사이에 사례관리서비스의 항목을 포함하고 있는 많은 연방정부법들이 미국에서 통과되었다. 1984년 NASW에서는 『역기능적 클라이언트를 위한 사회사업 사례관리 표준과 지침』을 발간하였으며, 1985년 통과된 COBRA(Consolidated Omnibus Budget Reconciliation)에서는 선택된 의료서비스로서 사례관리를 제공하도록 권장하였다.

1987년 특별교육법과 1988년 가족보호법에서도 사례관리조항을 포함하고 있다. 1988년 FSA(Family Support Act)는 수혜자의 경제적 자립도를 증진시키는 것을 목적으로 사례관리를 권장하고 JOBS(Job Opportunity and Skill Training Program)에도 사례관리에 대한 조항이 포함되어 있다. 이 프로그램에서 사례관리의 목적은 만성적으로 복지 프로그램에 의존하고 있는 자녀를 둔 가족이 교육, 훈련, 고용을 보장받을 수 있게 하는 것이다(Skidmore et al., 2000).

1990년대에 들어서면서 사례관리는 클라이언트에 대한 치료와 더불어 조정이라는 부분에 더 관심을 가진다. 사례관리가 이전부터 의미 있는 수단이 되었다 할지라도 실제 1990년대 중반까지는 사회복지 분야에서 그리 많은 기초적 과업은 아니었다. 그러나 비교적 짧은 시간 내에 사례관리로 전환되었다. 즉, 이렇게 빠르게 사례관리에 관심을 보인 것은 비용의 억제와 보호체계의 관리 필요성, 전통적인 접근 방법이 너무 오랜 시간이 소요된다는 것을 깨닫고부터이다.

따라서 현대사회에서 사례관리는 어떤 배경에 의해 활성화되었는지 사례관리의 도입배경을 구체적으로 살펴보면 다음과 같다(김경우 외, 2013; 박주현 외, 2014).

1. 탈시설화의 영향

탈시설화란 사례관리의 필요성이 강조된 가장 중요한 배경으로서 클라이언트가 가족과 지역사회와는 분리되어 대규모의 수용시설이나 병원의 입원시설을 이용하던 시설보호의 방식에서 벗어나 다시 가족과 지역사회로 돌아오는 것을 말한다. 탈시설화로 인하여 시설보호에서 지역사회보호로 전환되었지만, 다양한 클라이언트의 욕구에 대하여 각기 다른 여러 기관에서 원조가 이루어지기에 서비스가 단편화되고 분산된다는 점, 클라이언트의 욕구에 대응하는 다양한 사회자원의 이용체제가 확립되어 있지 않아 서비스를 받기 어렵다는 점, 장기간의 시설보호로 인한 클라이언트들의 무기력과 동기 부족, 클라이언트의 욕구에 대한 지역사회기관들의 무심함, 가족의 보호부담으로 인한 보호기피와 그로 인하여 지역사회보호기관의 부담이 증가된다는 점 등의 단점이 나타났다. 이러한 문제를 극복할 수 있는 보다 지속적이고 포괄적인 서비스 제공의 필요성과 각 기관들의 자원이나 수급 자격요건이 달라서 이를 통합적으로 관리하는 전문적인 서비스 전달체계, 즉 사례관리의 필요성이 요구되었다.

2. 복잡하고 분산된 서비스 체계

서비스 전달체계가 공공부문에서 점차 민간부분, 즉 지방분권적으로 변화되면서 지방을 중심으로 전개된 서비스들은 서비스들 사이의 통합을 위한 장치와 서비스 기관 사이의 조정을 위한 장치를 거의 갖지 못한 채 이루어졌다. 때문에 클라이언트와 가족들의 입장에서는 분산되고 단편화된 지역사회 수준의 서비스를 이용하기 어려워졌으며, 심지어 접근 기회마저 차단되는 경우가 생겼다. 따라서 사회복지서비스의 지방분권화에 따른 부정적인 측면을 보완하기 위해서 각 기관들의 서비스를 조직화하고, 함께 노력하여 클라이언트의 욕구를 통합적으로 충족시킬 수 있는 서비스 전달체계, 즉 사례관리의 필요성이 요구되었다.

3. 클라이언트와 가족에게 과도한 책임 부과

비공식적이지만 중요한 도움체계였던 이웃과 친지 등이 물리적 · 심리적으로 거리가 생기면서 클라이언트와 그 가족은 지역사회 내의 적절한 환경자원의 미비로 많은 책임을 떠맡게 되었다. 또한 이로 인해 과도한 스트레스가 발생하였다. 따라서 클라이언트와 그 가족을 위하여 환경자원을 개발하고 연결할 수 있도록 돕는 서비스 기능이 필요하게 되었다.

4. 복합적인 욕구를 가진 클라이언트의 증가

단편적이고 세분화된 기존의 서비스는 클라이언트의 복합적인 문제와 욕구를 충족시키기 어려웠다. 복합적인 문제와 욕구를 가진 클라이언트가 증가하면서 지역사회에 적응하는데 필요한 서비스를 조직하고 욕구를 충족시킬 수 있는 활동이 필요하게 되었다.

두 가지 이상의 서비스를 필요로 하는 복합적인 욕구를 가진 클라이언트의 증가했지만 서비스를 덜 받게 되는 현상이 발생하였다. 일반적으로 한 기관이나 단일 서비스 체계로는 복합적인 욕구를 가진 클라이언트에게 다양한 서비스를 제공하는 것은 불가능하다. 따라서 이들이 지역사회에서 살아가도록 하는 모든 서비스를 조직화하고 통합하여 상호 연계되는 서비스 전달체계, 즉 사례관리의 필요성이 요구되었다.

5. 서비스 비용 억제의 필요성

자원이 한정된 상황에서 서비스 비용을 억제하고 전달의 효과를 최대화하려는 노력은 항상 중대한 관심사다. 따라서 제한된 자원 내에서 서비스 전달의 효과를 최대화하면서 서비스의 비용과 중복을 점검해야 하는 전문기술의 필요성이 요구되었으며, 사회복지서비스에 대한 정부의 개입 역할인 혼합복지의 경향에 따라, 대규모 시설의 고비용 서비스를 절약하게 되었고 사례관리가 보호의 총 계획을 관리하고 비용을 억제하는 수단으로 적합하다고 평가하게 되었다.

6. 사회적 지원체계와 지원망의 중요성에 대한 인식 증가

1970년대 중반 이후 이른바 '복지국가위기' 속에서 지난 30여 년간 지속해왔던 방식과는 다른 형태의 정치 · 경제적 대응과 사회정책의 변화가 모색되기에 이르렀다. 혼합복지사상 혹은 복지다원주의가 나타나면서 공적 서비스를 비공식적 서비스로 대체하고자 하는 움직임이 일어나기 시작하였다. 특히, 비공식적인 지원체계와 사회적 지원망의 중요성이 재인식되기에 이르렀으며, 공식적이고 전문적인 서비스와 비공식적인 지원체계가 지원망을 조정하고 통합하려는 사례관리 방법이 주목받기 시작하였다.

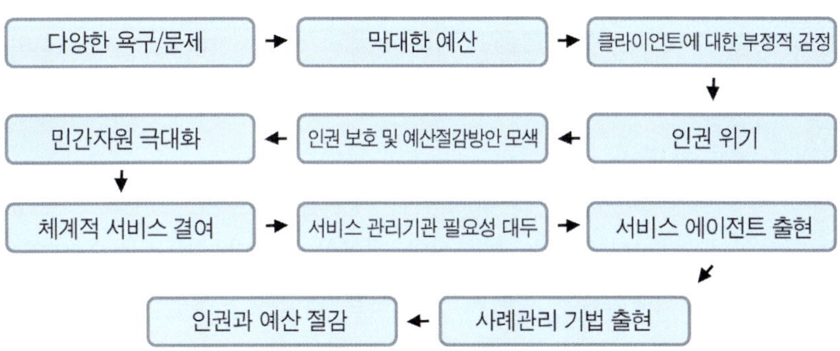

〈그림 7-1〉 사례관리 도입배경

제2절 사례관리의 개념 및 목적과 개입원칙

1. 사례관리의 개념

사례관리란 개개인의 욕구에 대응해 여러 가지 서비스를 짝 맞추어 주는 과정이다. 짝을 맞추어 준다는 말의 원어는 'tailoring'이다. 'tailor'란 재단사를 말하는데, 기성품을 판매하는 것이 아니라 한 사람 한 사람의 체형을 고려해 그 체형에 맞는 양복을 만드는 재단사를 의미한다. 사례관리서비스를 필요로 하는 사람들의 욕구도 각 사람에 따라 다르기 때문에 서비스를 개별적으로 맞추는 것을 의미한다. 지금까지의 서비스가 기성품이었다면 사례관리는 그것을 맞춤형 서비스(order made service)로 전환하려는 데 의의가 있다.

국내 · 외 학자들의 정의를 살펴보면, 먼저 Moxley(1989)는 사례관리의 특징을 복합적이고 장기적이며 다양한 욕구를 가지고 있는 클라이언트를 대상으로 하며, 클라이언트의 개별적인 상황에 따른 원조 계획을 세우는 것이라고 보았다. 특히, 사례관리는 자신의 자원, 가족, 친구, 이웃 등의 비공식적 자원과 공식적인 자원을 연계하고 조정하는 서비스 체계라고 보았다. 따라서 사례관리는 클라이언트의 복지와 기능 향상, 서비스의 효율성을 증진하기 위한 목적을 갖는 것으로 보았다.

무어(Moore, 1990)는 사례관리를 가능하게 하는 차원과 촉진하는 차원으로 구성된 실천개념이라고 정의하였다. 가능하게 하는 역할이란 개인이나 집단이 독립적으로 가능할 수 있도록 그들의 잠재력을 최대화화는 것이며, 촉진하는 역할은 도움을 필요로 하는 클라이언트의 사회적 제도, 조직, 기관 사이를 연계하는 것으로 보고 있다.

로스만(Rothman, 1991)은 사례관리를 실천 행동과 행정 구조의 두 가지 기능을 모두 가지고 있는 것으로 보았다. 한 가지는 지역사회 내에서 클라이언트에게 개별화된 조언과 상담, 치료를 제공하는 것, 또 다른 한 가지는 서비스가 필요한 클라이언트를 지역사회의 기관과 비공식적 지지망에 연결시키는 협력의 기능으로 보았고 사례관리란 이들 두 가지 기능을 합한 것으로 보았다.

베이커와 인타글리아타(Baker & Intagliata, 1992)는 사례관리는 통합적이고 효과적이며 효율적인 방식으로 필요한 서비스를 제공받도록 보장하는 과정으로 다양한 기관과 직원들이 제공하는 서비스를 클라이언트를 대신하여 계획(planning), 탐색(searching), 점검(monitoring)하게 된다. 이 과정에서는 일반적으로 한 기관이 클라이언트에 대한 책임을 지고 클라이언트를 위해 서비스를 조정하고, 클라이언트를 대변하고, 자원을 통제하고, 서비스를 구입하는 사례관리자를 선정하게 된다고 하였다.

이근홍(2001)은 사례관리란 사례관리자와 클라이언트의 협력을 통하여 개발한 보호 계획을 바탕으로 클라이언트의 장기 보호와 욕구를 충족시키고, 클라이언트 지원망의 기능적 능력을 향상시키거나 극대화시키며, 연속적이고 포괄적인 서비스 제공과 서비스의 조정을 통하여 효과적이고 효율적인 서비스의 전달을 촉진하고 보장하는 사례관리자와 클라이언트 사이의 전문적 관계에 기초한 과정으로 보았다. 한편 권진숙 외(2009)는 사례관리를 생태체계 관점을 기반으로 만성적이고 복합적인 문제를 가진 개인 및 가족과 함께 일하면서 그들과 자원제공자들의 기능을 향상시키고자 하는 것이며, 이를 통해 환경 속에서 자신에게 필요한 서비스와 자원을 스스로 획득하고 사회적 기능을 원활하게 수행할 수 있도록 돕는 통합적인 접근방법이라고 정의하고 있다.

그 밖의 주요 학자들의 사례관리의 개념들에 대해서 요약하면 [표 7-1]과 같다.

[표 7-1] 사례관리의 주요 개념

주요 학자	사례관리의 정의
전미사회복지사협회 NASW(1984)	서비스들을 연결하고 조정하여 개인의 욕구를 충족시킬 수 있는 포괄적인 프로그램(comprehensive program)
Ballow & Mink(1996)	한 번에 여러 원조자들로부터의 원조(assistance)가 요구되는 많은 문제로 인해 생이 만족스럽거나 생산적이지 못한 사람들을 돕는 과정
Kumar(2000)	클라이언트 욕구에 대한 사정, 계획, 조정, 전달과 모니터링을 통해 서비스 통합을 달성하기 위한 전문적 서비스 실천과정
Mullahy & Jenson (2004)	도움을 받는 클라이언트의 최적의 사회적 기능을 강화하는 것을 목적으로 하는 사정기술, 자문, 교육, 모델링, 옹호 등을 포함하는 창조적이고 협력적인 과정

2. 사례관리의 목적

사례관리란 복합적 욕구를 가진 클라이언트의 기능화와 복지를 위해 공식적 · 비공식적 자원과 활동의 지지망을 조직, 조정, 유지하는 것으로서 이러한 활동을 통해 사례관리자는 다음과 같은 목적을 달성하고자 한다(양정남 외, 2011).

① 보호의 연속성 보장
② 서비스 전달의 효과성과 효율성 증대
③ 서비스의 접근성과 책임성의 증대
④ 클라이언트의 가족과 같은 일차 집단의 보호능력 향상
⑤ 클라이언트의 생활기술과 자기보호능력과 향상
⑥ 비공식적 · 공식적 지원체계의 통합

3. 사례관리의 개입원칙

위와 같은 사례관리의 목적을 달성하고자 할 때 사례관리의 개입원칙은 서비스의 개별화, 서비스 제공의 포괄성, 클라이언트의 자율성 극대화, 보호의 지속성, 서비스의 연계성 등의 다섯 가지로 나누어 볼 수 있는데 구체적인 내용을 살펴보면 다음과 같다(Gerhart, 1990).

1) 서비스의 개별화

서비스의 개별화 원칙은 클라이언트의 독특한 신체적 · 정서적 · 사회적 상황에 따라 각 클라이언트의 욕구에 맞게 서비스가 주어져야 한다는 것이다.

2) 서비스 제공의 포괄성

서비스 제공의 포괄성 원칙은 클라이언트의 다양한 욕구를 충족시키기 위해서 지역사회에서 기능하는 데 필요한 광범위한 지지를 연결하고 조정, 점검하는 것이 필요하다는 것이다. 이때 필요한 도움의 유형과 범위는 매우 다양하기 때문에 사례관리자는 지역사회에 존재하는 잠재적 지역사회자원에 대한 철저한 지식을 가지고 이를 활용할 수 있어야 한다.

3) 클라이언트의 자율성 극대화

클라이언트의 자율성 극대화 원칙은 클라이언트의 선택의 자유를 최대화하고 지나치게 보호하지 않는 것을 말한다. 이는 클라이언트의 자기결정권을 최대한 보장하고자 하는 것이다.

4) 보호의 지속성

서비스의 지속성은 사례관리자가 클라이언트의 욕구를 점검하여 서비스를 지속적으로 제공하는 것을 말한다. 즉, 1회의 단편적 서비스 제공이 아니라 클라이언트가 자신의 생활현장에서 잘 적응할 수 있도록 지속적으로 원조해야 한다는 것이다.

5) 서비스의 연계성

서비스의 연계성은 복잡하고 분리되어 있는 서비스 전달체계를 연결시킨다는 것을 의미한다. 예를 들어 클라이언트에게 필요한 서비스가 여러 기관에 분산되어 있을 때, 적절한 서비스나 기관으로 클라이언트를 의뢰하여 서비스를 수혜 받도록 함으로써 서비스가 분산되지 않도록 하고자 하는 것이다. 이때 사례관리자는 다른 서비스전달체계 간 중개자 혹은 권익옹호자의 역할을 하게 된다.

제3절 사례관리의 실천과정

사회복지사나 상담자는 실천 현장에서 클라이언트가 가지고 있는 문제를 극복하기 위해 클라이언트가 달성하기 위한 목표에 따라 필요로 하는 서비스를 제공받을 수 있도록 원조해주어야 한다. 따라서 사례관리의 실천과정을 초기접촉, 인테이크, 사정, 목표설정, 개입계획 수립과 자원개발, 클라이언트와 서비스 체계와의 연결, 점검, 재사정, 결과평가 등으로 구체적인 내용을 살펴보면 다음과 같다(김봉순 외, 2011; 김경우 외, 2013; 나동석 외, 2014).

1. 사례관리의 실천과정

1) 초기접촉

클라이언트는 기관, 가족, 지역사회, 조직, 교회, 경찰, 학교의 의뢰과정이나 스스로의 방문과정을 통해 기관과 접촉한다. 외부로부터 이루어지게 되면 기관에서는 클라이언트를 수용하게 된다. 대부분의 기관이 기본적으로 의뢰에 의해 클라이언트와 접촉하게 되며, 이 밖에도 또 다른 접촉방식으로는 사례관리자가 기관 밖으로 클라이언트를 찾아나서는 아웃리치(outreach) 방식으로 기관의 클라이언트를 접촉하려는 노력이 지역사회에까지 확장되어 클라이언트를 찾아서 기관의 서비스체계로 들어오도록 하는 것이다. 이러한 접근방식은 서비스가 가장 필요하며, 스스로는 기관과 접촉하지 않는 클라이언트를 대상으로 한다.

2) 인테이크

인테이크(Intake, 접수, 초기면접)는 클라이언트의 문제와 욕구, 클라이언트가 처한 상황을 파악하고, 기관의 서비스와 경제적 지원을 받을 자격이 되는지 결정하는 단계이다. 기관에서 제공되는 서비스에 대한 정보, 즉 클라이언트와 가족에게 기관이 제공하는 서비스, 기관이 요구하는 주의사항 및 요구사항, 기관이 갖는 제한점 등에 대한 사항을 알려준다. 또한 클라이언트의 신상정보, 가족과의 상태, 소득, 건강상태, 기타 사항 등과 일반적인 사회·심리적 정보에 대해 기록한다. 기관에서는 이 정보를 토대로 사전적격심사를 거쳐 사례관리에 적합한지 판단하고, 적합하지 않으면 다른 기관에 의뢰할 수도 있다. 여기서 사전적격심사는 클라이언트를 대상으로 서비스 제공의 적합성을 결정하는 것을 의미한다.

3) 사정

사정은 클라이언트의 발전과 성장을 가져올 수 있는 상황의 강점을 파악하기 위하여 노력하는 동시에 클라이언트의 제한점도 함께 인식한다. 사정이 이루어지는 구체적인 분야를 살펴보면 다음과 같다.

① 클라이언트 욕구 및 문제 사정

사례관리자는 클라이언트와 함께 그들의 현재 상황에서의 다양하고 복합적인 욕구를 확인해야 한다. 클라이언트의 욕구 및 문제에 대한 정확한 사정은 사례관리의 목적달성에 매우 중요하며 개입의 근거를 제시한다. 클라이언트의 욕구에 대한 확인은 클라이언트의 진술을 토대로 사례관리자의 관찰이 함께 이루어져야 한다. 또한 클라이언트와 중요 관계에 있는 사람들과의 인터뷰, 과거 서비스를 제공받은 경험이 있는 경우에는 이전 제공자와의 인터뷰 등의 활용도 좋은 방법이다.

② 욕구에 대한 클라이언트의 능력 사정

사례관리자는 클라이언트가 자신의 욕구충족과 문제해결의 동기와 의지를 가지고 있는지, 스스로의 힘으로 해결할 능력과 의사결정능력을 가지고 있는지를 확인한다. 클라이언트의 능력을 사정할 때는 클라이언트의 약점이나 결함보다는 강점, 잠재능력, 활용 가능한 자원, 발전가능성, 문제해결 능력 등과 같은 긍정적인 요소에 우선 초점을 두어야 한다. 클라이언트의 상태에 대한 정보를 수집할 때는 다양한 진단도구를 활용할 수도 있다.

③ 클라이언트 지원체계의 능력 사정

사례관리자는 클라이언트의 욕구를 충족시키기 위한 비공식 지원체계와 공식 지원체계의 능력을 클라이언트와 함께 사정한다. 클라이언트의 비공식 지원체계는 가족, 친척, 친구, 이웃, 종교집단, 직장동료 등 다양한 형태가 존재한다. 공식 지원체계에는 사회복지기관과 시설, 지역사회의 공식적인 단체와 기관, 정부기관 등이 있다. 비공식 지원체계에 대한 사정은 자원의 수, 그들의 이름과 관계, 관계의 질, 제공하고 있는 서비스의 종류, 그들의 능력, 부담감 등에 관한 정보를 통합한다.

④ 지원체계 활용의 장애 사정

사례관리자는 클라이언트가 공식 지원체계와 비공식 지원체계를 활용하는 데 있어서 장애에 대한 사정을 실시한다. 장애요인으로는 이동의 부자유나 교통편의 부족 등으로 인한 접근성의 문제, 지원체계에 대한 부정적 이미지로 자원 이용에 대한 거부, 낙인감, 무기력, 동기부족 등 심리사회적인 문제, 신체적 · 인지적 · 정신적 능력의 부족 등으로 인한 자원 이용의 불가능성, 자원의 부족, 정보의 부족, 서비스의 단편성과 불연속성, 비공식 지원체계의 무관심과 책임성 결여 등이 있다.

4) 목표설정

목표설정은 사정에 기초하여 클라이언트와 사례관리자 및 기관이 공동으로 인식한 종합적인 서비스를 설정하는 것을 의미한다. 목표설정에 있어서 가능한 현실적 범위에서 목표를 설정하고, 사례관리기관의 범위 내에서 설정하고 클라이언트 스스로 선택에 의한 긍정적인 목표를 설정하는 것이 좋다. 이러한 목표설정은 클라이언트에 따라 장기적인 목표와 단기적인 목표로 설정한다. 예를 들어, 위기상황과 같은 경우에는 단기목표로 설정하여 서비스를 실천할 수 있도록 하고, 직업취득 및 주택마련 등은 장기목표로 설정하여 실천하는 것이 바람직하다.

5) 개입계획 수립과 자원개발

(1) 개입계획

개입계획은 상담과 치료를 포함한 치료계획과 좀 더 실질적인 원조를 위해 외부기관에 클라이언트를 연결시키는 일 등의 서비스 실천 전략이다. 서비스 개입계획에는 보통 단기목표와 장기목표를 성취하기 위한 방법이 모두 포함된다. 개입계획을 수립하는 과정에서 클라이언트는 가능한 폭넓게 관여하면서 자신의 욕구를 정확히 밝히고 좀 더 효율적인 개입 계획수립을 가능케 하며 궁극적으로는 사례관리 목적을 달성할 수 있는 서비스 결과가 나오도록 해야 한다. 개입계획 수립 시 고려해야 할 사항은 아래와 같다.

① 계획 가운데 실행해야 할 관련 욕구 영역에 대한 특성화
② 주요 목표와 명확화
③ 서비스와 지지적 목표들에 대한 분류화와 항목화
④ 계획된 목표달성을 위해 고안된 특정 활동을 수행할 활동자의 선정
⑤ 각각의 목표달성을 위한 시간 안배
⑥ 각각의 목표들이 달성되었을 때 기대되는 변화에 관한 진술 포함

(2) 자원 확인과 개발

자원 확인과 개발기능은 유사한 서비스 자원과 정보자원에 대한 접근이 용이하도록 자료를 조직하는 것이다. 자원 확인과 개발에는 기관들과의 전화접촉, 기관 대표자 회의, 비공식적인 망, 사무실 보관문서의 확인이나 주소록 확인과 같은 많은 자원 확인 방법이 있다. 사례관리자는 기관 정책이나 프로그램 내용이 자주 바뀌기 때문에 정확하지 않은 정보일 가능성이 있음을 고려해야 한다. 사례관리자는 특정 클라이언트를 위한 특별한 자원제공 기회가 결여되었거나 공급이 부족할 때는 새로운 자원을 개발할 필요가 있다.

6) 클라이언트와 서비스 체계와의 연결

클라이언트와 서비스 체계와의 연결 단계는 클라이언트와 사회자원 간에 서비스를 직접적으로 연결하여 사례관리를 실천하는 과정이다. 이 단계는 서비스제공(실행) 단계로 클라이언트에게 필요한 서비스 내용과 방법을 개입계획에 따라 필요한 서비스를 제공하고, 공식적 · 비공식적 지역사회 내의 사회자원들을 연결 · 조정하여 계속적으로 서비스를 이용할 수 있도록 하는 것을 의미한다. 서비스제공 단계에서는 서비스의 연속성을 보장하고, 다양한 서비스 통합 · 조정하고 서비스의 접근 및 활용의 효율성이 극대화되도록 개입계획에 따라 클라이언트와 사회자원 간의 서비스 연결이 제공되어야 한다.

7) 점검

점검은 계획된 서비스의 실행정도, 목표의 달성 정도, 개별서비스의 적절성, 서비스 질에 대한 평가, 클라이언트의 만족도 그리고 서비스제공자에 대해서 점검하는 과정이다. 이러한 점검과정을 통해서 클라이언트의 변화와 향상 정도를 파악하게 되고 위기상황을 예측하여 클라이언트의 욕구와 서비스의 질을 높일 수 있다. 점검방법은 사례관리자 판단에 근거하여 서비스와 지원계획이 적절하게 이행되고 있는지 점검하는 방법과 구조화된 표준문서에 의한 방법이 있을 수 있다. 이러한 점검방법은 클라이언트 및 가족에게 직접 방문하거나 전화면접을 통해서 점검하게 되고, 비공식 지원체계를 통해서 점검할 수도 있다.

8) 재사정

사례관리는 지속적인 점검뿐 아니라 일정한 간격을 두고 공식적으로 이루어지는 재평가 과정도 중요하다. 재사정은 서비스 계획의 수행 중에 주기적인 사정을 통하여 클라이언트에게 제공되는 서비스의 적합성, 보호계획 변화의 필요성과 변화방식을 결정하는 과정이다. 재사정과 평가의 차이점은 재사정은 서비스 계획의 적합성을 판단하여 서비스에 대한 변화의 필요성 여부를 결정하는 반면, 평가는 가치와 종결을 포함한 내용으로 서비스 계획이 클라이언트의 삶에 변화를 가져왔는지 효과성에 초점을 두는 과정이다.

9) 결과평가

결과평가는 클라이언트에게 제공되는 서비스, 클라이언트의 진척상황, 목표설정의 달성, 개입계획의 달성, 서비스 활동 및 서비스 체계의 효율성 그리고 클라이언트의 만족도 등 전반적인 결과를 평가하는 과정이다. 이러한 사례관리 평가는 구조화된 표준문서에 의한 방법으로 클라이언트 및 가족에 대한 직접적인 면접, 전화면접, 사례관리회의, 전문가의 기록에 대한 점토 등을 활용한다. 이러한 결과평가는 클라이언트가 더 이상 서비스 없이 지역사회에서 독립적으로 살아갈 수 있다는 전문적인 판단하에 행해진다. 일반적으로 장기간 보호를 요하는 노인들의 경우는 지속적이고 전문적으로 보호를 요하므로 최종적인 결과평가는 드물다.

종결은 서비스의 중단을 의미하는데, 사례관리의 목표가 달성되었거나, 더 이상의 서비스를 필요로 하지 않을 경우 종결하게 된다. 이렇게 종결되었을 경우에도 지역사회에서 적응할 수 있도록 지속적인 사후관리가 이루어져야 한다. 또한 클라이언트가 사망하거나 사례관리 기관에 폐쇄 등의 중대한 변화로 인하여 사례관리를 지속할 수 없는 상황에는 사례관리의 과정이 종결된다.

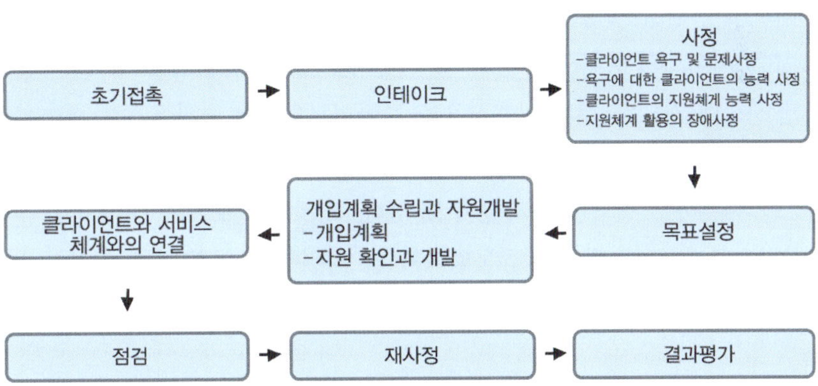

〈그림 7-2〉 사례관리 과정

제4절 사례관리자의 역할

사회복지실천 현장에서 사례관리자의 역할과 직무는 클라이언트의 문제를 원만하게 해결할 수 있도록 서비스제공자로서의 역할을 담당하게 된다. 즉, 사례관리자의 역할은 매우 중요하다고 할 수 있다. 따라서 사례관리자의 역할을 자원조정자, 서비스 제공자, 계획자, 옹호자, 중개자, 점검자, 평가자 등의 일곱 가지로 나누어 볼 수 있는데 구체적인 내용을 살펴보면 다음과 같다(양정남 외, 2011; 길귀숙 외, 2011; 최덕경 외, 2012).

1. 자원조정자 역할

자원조정자는 클라이언트의 욕구와 도움 서비스를 연결 · 결합시켜 중요한 지원을 제공한다. 일시적으로 강점을 실행할 수 있는 기획과 자원의 활용 가능성을 확인함으로써 결핍된 모든 욕구를 서비스의 중복이나 반복 없이 충족할 수 있도록 한다. 그런 다음 사례관리자는 다양한 시스템 간의 연결과 상호작용을 강화시킴으로써 효과적이고 효율적으로 필요한 모든 욕구를 충족시킨다. 만약 적절한 조정이 이루어지지 않는다면, 서비스의 중복은 물론 서비스를 훼손하는 결과를 가져올 수도 있다. 조정은 원조체계 내에서 개별단위를 보완하고 강화함으로써 모든 체계가 공동의 목적을 성취하기 위해 함께 일하도록 돕는다.

2. 서비스 제공자 역할

사례관리자는 치료자, 상담자, 원조자 또는 클라이언트에게 필요한 서비스를 제공하는 일차적인 기관으로서 클라이언트에게 개입한다. 사례관리자가 치료, 현금, 또는 정보를 한다하더라도 서비스는 사례관리자에 의해 직접적으로 제공된다. 직접적인 서비스가 제공되는 정도에 따라서 모델이 달라질 수 있지만 대부분의 사례관리자들은 지지, 정보 또는 물리적 원조와 같은 자원뿐만 아니라 직접적인 서비스를 제공한다.

사례관리자는 직접적 서비스 역할을 수행하면서 클라이언트의 자기지향성(self-direction)이 강화되도록 해야 한다. 클라이언트의 자기지향이란 클라이언트가 가지고 있는 잠재 역량에 초점을 두고 클라이언트 자신이 자기의 욕구를 충족시킬 수 있는 능력, 기술, 자원을 획득하거나 자원을 활용함으로써 자신의 상황을 변화시킬 수 있도록 하는 것을 말한다. 사례관리 초기에는 사례관리자의 자기지향성이 높게 발휘되지만 시간이 지나면서 클라이언트의 자기지향성이 강화될 수 있도록 해야 한다(김만두, 1992; 권진숙 외, 2009).

3. 계획자 역할

클라이언트의 욕구를 충족시키기 위한 사례계획, 치료, 서비스 통합, 기관의 협력 및 서비스망을 설계한다.

4. 옹호자 역할

사례관리가 필요한 클라이언트들의 경우, 스스로 자신을 대변하고 옹호하는 능력이 부족하다. 그들에게 필요한 자원이 존재하지 않거나, 제대로 공급되지 않는 경우가 많다. 이때, 사례관리자는 클라이언트를 대변하여 그들의 요구사항을 구체화시키고 가능한 한 자원이 클라이언트에게 적절히 공급될 수 있도록 노력하며 클라이언트의 옹호자로서 활동한다.

제 8 장

사회복지실천의 면접 및 기록

제1절 면접의 개념 및 특성

1. 면접의 개념

일반적으로 면접이라 하면 최소한 두 사람 이상이 특정한 목적을 가지고 함께 대화를 나누는 것이다. 즉, 언어적 · 비언어적 의사소통의 다양한 방식 중 하나이며, 특별한 의사소통 방식이라 할 수 있다.

사회복지실천에서의 면접은 사회복지사와 클라이언트의 전문적 관계에서 일어나는 상호작용을 의미하며 이를 통해 정보수집, 과업수행, 문제해결 등과 같은 목적을 수행한다. 면접은 사회적 상호작용과 의사소통의 과정이며 인지, 정서, 행동의 변화를 목적으로 한 언어적 행동으로서 문제해결을 위한 개입이라고 할 수 있다(Kirst-Ashman & Hull, Jr., 1993). 즉, 면접은 클라이언트의 문제나 욕구해결 등과 같은 목적을 수행하는 시간제한적인 의사소통으로서 사회복지 개입의 주요 도구이다(사회복지교육연구센터, 2014).

또한 면접은 전문적 기술이지만 사회복지사의 창의적 방법이 통합되는 예술이라고 말할 수 있다. 모든 면접은 목적을 가지고 있고 분야에 따라 구체적 기술이 적용된다.

따라서 모든 사회복지사는 자신에게 적절한 스타일의 면접기술을 발달시켜야 한다. 효과적인 면접에 영향을 미치는 사항들을 살펴보면 다음과 같다(Brown et al., 1992).

첫째, 사회복지사의 자기인식 정도

둘째, 주고받는 심리에 대한 고유한 역동성을 이해하는 것

셋째, 원조관계를 발전시킬 수 있는 사회복지사의 능력

넷째, 클라이언트를 존중하며 클라이언트로 하여금 의사소통 과정에 적극적으로 관여하도록 하는 사회복지사의 능력

다섯째, 클라이언트에게 기술적으로 말을 하고 질문하는 사회복지사의 능력
여섯째, 면접의 목적
일곱째, 면접이 행해지는 분위기와 장소
여덟째, 비밀보장의 정도
아홉째, 전이와 역전이 등과 같은 면접과정에서 유발되는 역동성에 대한 사회복지사의 인식

[표 8-1] 면접과 대화의 차이점

	면접	대화
1	면접의 내용은 목적 달성을 촉진시키며, 명백한 목적이 있다.	중심 주체가 없다.
2	목적 달성을 위해 상호작용을 리드할 책임자가 있어야 한다(면접자와 피면접자의 역할관계가 구조화된다).	역할 담당에 관한 선택적인 역할행동이 없다.
3	면접은 비상호적 관계로 전문가가 주로 클라이언트의 이익을 제공하도록 계획되어 있다.	대화에서 상호작용은 클라이언트의 문제를 해결하는 데 도움이 되지 않는다.
4	면접자의 행동은 계획적이고 심사숙고된 것이며 의식적으로 선택된 것이다.	대화에 참여하는 사람들의 행동은 자발적이고 비계획적이다.
5	전문가는 면접을 위하여 클라이언트의 요구를 수용할 의무를 갖는다. 면접자의 개인적인 이유로 종결할 수 없다.	대화는 중단하기 쉽다.
6	공식적으로 준비된 만남이다(시간, 장소, 지속시간이 실천된다).	대화는 비공식적인 만남이다.
7	면접은 불쾌한 사실과 감정을 피하지 못한다.	대화에서는 은연중에 불쾌한 감정을 피할 수 있다.

출처 : 카두신(Alfred Kadushin, 1972).

라이언트의 선호와 사례에 따라 면접 장소는 달라질 수 있다. 거동이 불편한 클라이언트나 입원 중인 클라이언트는 클라이언트의 편의를 최대한 고려하여 면접 장소를 선정해야 한다. 면접 장소를 선정할 때에는 너무 어둡거나 밝지 않은 채광과 조명, 춥거나 덥지 않은 온도, 면접에 적절한 가구와 분위기, 등을 기댈 수 있는 의자, 비밀보장이 되는 안전한 공간 등을 고려해야 한다.

(2) 시간

면접시간을 제한하면 면접을 더 신속히 진행하는 데 도움이 된다. 시작 시간과 진행 시간을 미리 약속하면 목적에 부합하고 초점에 집중하는 면접이 이루어진다. 면접시간은 45분에서 75분 사이가 적절하지만 상황에 따라 달라질 수 있다. 사회복지사는 클라이언트에게 면접시간에 대해 미리 알려 주는 것이 바람직하다. 면접 시간이 끝난 후 클라이언트가 중요한 문제를 이야기하는 경우에는 사회복지사가 그 중요성을 인정하면서 다음 면접시간에 그 내용에 대해 다룰 것을 제안할 수 있다. 클라이언트가 제기하는 사안이 위급하지 않고 일정한 거주공간이 있는 경우에는 일주일에 한 시간씩 수개월 동안 면접을 진행할 수 있다. 그러나 위급한 상황에 처한 클라이언트에게는 면접시간을 더 길게 하고 더 자주 만나는 등 단시간 동안 집중적으로 접촉할 필요가 있다(김경호, 2011).

제3절 면접의 유형

사회복지실천 현장에서 사회복지사가 면접을 진행하는 방식은 구조화된 면접방식, 반구조화된 면접방식, 비구조화된 면접방식으로 나눌 수 있다. 구체적인 내용은 다음과 같다.

1. 구조화된 면접

조사대상의 수가 많은 경우 사전에 구조화된 조사표, 대개는 질문지를 가지고 면접조사를 실시하게 된다. 많은 응답자가 똑같은 질문을 받게 된다는 뜻에서 표준화면접이라 하며, 사전에 준비한 똑같은 순서나 동일한 내용으로 질문하므로 구조화면접이라고도 한다. 구조화된 면접은 면접 시 행해지는 질문이나 내용이 매우 구체적으로 짜여 있으며, 이 흐름에 따라 알아보고자 이미 작성된 내용들에 관해 구조화된 질문을 하게 된다. 구조화된 면접이 적절한 경우는 수집한 자료를 비교하는 것이 중요할 때, 한 명 이상의 면접자가 면접을 수행할 때, 면접자의 면접 경험이 부족할 때 사용된다.

구조화된 면접의 단점으로는 논리적인 반응을 하게 되는 경향이 있어 정서적인 내용이 거의 없으며, 피면접자에 따라 특정한 질문이 해당되지 않거나 부적절하여 면접시간을 낭비할 수 있다는 한계가 있다.

2. 반구조화된 면접

반구조화된 면접은 표준화와 비표준화의 중간형태로서 개략적인 조사표를 가지고 융통성 있게 면접내용을 조정하는 경우를 말하며, 반표준화 면접 또는 준구조화 면접이라고도 한다. 지침이 있는 면접으로 미리 결정된 질문이나 주요 단어가 있으나 구조화된 면접과는 달리 특정 관점에서 질문할 수 있고, 피면접자의 반응에 따라 적절한 시점에서 개방형 방식으로 질문할 수 있다. 비구조화된 면접이나 구조화된 면접 양자의 장점을 취하는 특징이 있다.

3. 비구조화된 면접

만약 조사하고자 하는 대상이나 사례가 특수하여 미리 구조화된 조사표를 작성하기 어려운 경우가 있다면, 숙련된 조사원은 최소한의 방향만 제시하는 지침을 가지고 면접 당사자 간의 상황에 따라 말이나 문답의 순서에 구애 없이 자유로운 상태에서 면접이 진행된다. 이러한 면접을 비표준화 면접 또는 비구조화 면접이라고 한다.

비구조화된 면접은 면접 시 질문이나 알아보고자 하는 내용이 미리 짜여 있다기보다는 말 그대로 구조화되지 않은 채 면접의 목적에 따라 개방적으로 진행되는 면접형식으로 피면접자의 세계에 대해 심층적이며 자세한 묘사와 이해를 얻고자 할 때 사용한다(이은희 외, 2014).

4. 목적에 따른 사회복지실천의 면접

재스트로(Zastrow, 1999)는 사회복지실천 현장에서 클라이언트를 대상으로 면접 시 면접의 목적에 따라 정보수집 면접, 사정 면접, 치료적 면접 등의 세 가지 형태로 나누었다. 구체적인 내용을 살펴보면 다음과 같다.

1) 정보수집 면접

정보수집을 목적으로 하는 면접을 사회조사라고 하기도 한다. 사회조사는 클라이언트의 개인적, 사회적 문제와 관련된 인구사회학적 배경[2)]과 개인 성장 발달사에 관한 정보를 수집한다. 이것은 클라이언트의 배경을 앎으로써, 문제를 좀 더 잘 이해하기 위해서이다. 정보수집 면접은 클라이언트 유형, 문제 영역, 기관의 성격 등에 따라 초점이 달라질 수 있다. 면접 시 정보를 수집할 때에는 다음과 같은 내용들이 포함된다.

① 일반적 사항

나이, 성별, 학력, 결혼상태, 주소 등

② 현재의 문제

현재 문제 상황, 과거력(과거에 유사한 문제가 있었는지, 치료형태, 치료기관 등)

③ 가족력

클라이언트의 가족과의 관계, 부모형제관계, 핵가족 중심의 부부관계, 자녀관계 등

④ 개인력

아동기의 성장과정, 발달단계상의 문제, 학교생활, 교우관계, 직장생활, 결혼생활 등

⑤ 사회적 · 직업적 기능

클라이언트가 가지고 있는 사회적 · 직업적 기능 정도 등

정보 수집을 위한 대상은 클라이언트뿐 아니라 부모, 친구, 친척, 관련 기관 등을 포함하

---

2) 인구사회학적 배경 : 나이, 성별, 학력, 결혼상태, 거주지 등을 말하며, 개인 성장 발달사는 영유아기, 아동기, 청소년기, 성인기 등을 뜻한다.

며, 기관의 특성에 따라 사회력에서 요구하는 특정한 정보는 차이가 있다. 사회력에 포함되는 내용은 기관의 특성에 맞게 조정된다. 일반적으로 이름, 나이, 성별, 직업 등의 조사와 문제의 특성, 아동기의 발달단계, 경험, 가족 배경, 결혼력, 직업력, 접촉했던 사회복지관 등이 포함된다.

2) 사정 면접

사정은 자료를 해석하고 의미를 부여하여 실천방향 및 개입방향을 결정하는 일이므로 사정을 위한 면접은 서비스에 대한 의사결정을 하기 위한 면접으로서 정보를 수집하기 위한 면접보다 목적지향적이다. 사정을 위한 면접을 통해 클라이언트가 처해 있는 현재 문제 상황, 문제해결 목표, 목표를 달성하기 위해 어떤 개입방법을 선택해야 할지 결정하게 된다. 사정을 위한 면접 시의 질문은 누가 이 문제 상황에 개입되어 있는가, 클라이언트는 문제에 어떤 의미를 부여하나, 어디서, 언제, 얼마나, 언제부터 문제행동이 일어났는가, 문제에 대한 클라이언트의 반응은 무엇인가, 클라이언트의 욕구는 무엇이며 문제해결을 위해 필요한 자원은 무엇인가, 클라이언트의 강점은 무엇인가 등이 있다.

3) 치료를 위한 면접

치료를 위한 면접은 클라이언트를 도와서 그 자신이 변화하거나 클라이언트의 기능향상을 위하여 사회적 환경을 변화시키기 위해 실시한다.

면접을 통해 클라이언트에게 자신감과 자기효율성을 강화하고 필요한 기술은 훈련하여 문제를 해결할 수 있는 능력을 키운다. 환경을 바꿀 목적으로 면접하는 경우도 있는데 클라이언트와 관련 있는 중요한 사람들 혹은 클라이언트의 이익과 권리를 옹호하고 대변할 수 있는 사회복지기관, 지역사회, 공공기관, 관련 공무원 등이 면접의 대상이 된다. 치료를 위해 사용되는 면접으로 면접기술, 인지적 재구조화, 기적질문, 예외질문, 명료화 등이 있다(김경우 외, 2013).

제4절 면접의 기술

사회복지실천 현장에서 사회복지사는 면접의 목적을 달성하기 위하여 클라이언트와의 면접에서 다양한 기술을 활용한다. 구체적인 내용을 살펴보면 다음과 같다(강병철 외, 2013; 나동석 외, 2014; 박주현 외, 2014; 이은희 외, 2014).

1. 관찰

관찰기술은 클라이언트가 말하고 행동하는 것에 주의를 기울여 그를 이해하는 것이다. 초기면접 이전에는 클라이언트가 대기실에서 기다리고 있는 상황부터 시작된다. 면접 중에는 클라이언트의 언어적 표현뿐만 아니라, 비언어적 표현에도 민감해야 한다. 관찰은 단순히 보는 것이 아니다. 클라이언트가 이야기하는 것과 동시에 이야기하지 않는 것, 이야기의 숨겨진 의미도 해석해야 한다. 그 외에도 신체적인 표현, 몸의 긴장, 얼굴 변화, 땀 흘리는 것, 떠는 것, 흥분하는 모습, 낙담하는 모습도 보아야 한다.

관찰은 무엇을 볼 것인가를 선택하는 것도 포함한다. 즉, 관찰은 항상 목표 지향적이어야 한다. 또한 관찰자의 참여가 관찰되는 사람에게 큰 영향을 미치고 있다는 사실도 알아야 한다. 결국, 이러한 관찰을 통하여 조사, 진단과 치료의 과정을 과학화할 수 있다.

1) 관심집중

① 관심집중의 효과

누군가와 같이 있어 주는 것, 그 사람에게 주의를 집중하는 것, 그가 하는 말을 열심히

듣는 것이 큰 힘을 발휘하는 경우가 많다. 누군가를 도우려면 그를 위해 무엇인가 하기 전에 그가 나에게 원하는 것이 무엇인지 정성껏 주의를 기울여서 들어야 한다.

② 클라이언트에게 관심을 집중시키는 기술

면접하는 사회복지사는 신체 일부분을 불안하게 움직이거나, 딱딱한 표정을 짓지 않도록 주의해야 한다. 사회복지사는 자신의 신체를 의사소통의 도구로, 표현방식의 일부로 사용한다는 점에서 편안한 마음을 가져야 한다.

첫째, 클라이언트를 향해 앉는다.
둘째, 개방적인 몸의 자세를 취한다.
셋째, 때때로 상대방을 향해 몸을 기울여 앉는다.
넷째, 시선을 통한 접촉을 적절히 한다.
다섯째, 긴장을 푼다.

③ 사회복지사의 비언어적 의사소통

클라이언트의 비언어적 행동을 관찰하는 것도 중요하지만, 사회복지사가 보내는 다음과 같은 비언어적 신호도 중요하다.

첫째, 눈 맞춤
둘째, 자세와 거리
셋째, 얼굴 표정
넷째, 목소리와 언어
다섯째, 침묵의 활용
여섯째, 접촉

2. 경청

경청이란 클라이언트의 말과 행동에 사회복지사가 선택적으로 주목하는 것을 뜻한다. 물론 사회복지사는 클라이언트의 말과 행동 하나하나를 그냥 흘려보내서는 안 된다. 그렇다고 사회복지사는 클라이언트의 모든 말과 행동에 주목하여 반응할 수도 없다.

따라서 사회복지사가 말과 행동을 선택하여 그것에 주목하는 것이다. 즉, 선택적으로 주목함으로써 클라이언트가 특정 문제에 대해 탐색하도록 한다. 이때 사회복지사가 선택적으로 주목한 것이 클라이언트의 진술 흐름에 적합한 것이라면 더욱 유익하다고 할 수 있다.

클라이언트의 말과 행동에 대한 경청은 상담을 성공적으로 이끄는 주요요인이다. 또한 클라이언트는 사회복지사가 경청하는 것을 좋아한다. 경청은 클라이언트로 하여금 생각이나 감정을 자유롭게 표현할 수 있도록 북돋아주며, 자신의 방식으로 문제를 탐색하게 하고, 상담에 대한 책임감을 느끼게 한다. 사회복지사가 경청할 때, 적극적으로 선택하여 듣는 것만이 중요한 것은 아니다.

사회복지사는 자신이 클라이언트의 말을 주목하여 듣고 있음을 전달해 줄 필요도 있다. 예컨대 사회복지사는 클라이언트가 말할 때 진지한 관심이 있음을 나타내는 눈길을 보냄으로써 그와 함께하고 있음을 알리는 것이다. 그리고 자연스럽고 이완된 자세를 취하며, 내담자의 말을 가로막거나 클라이언트의 발언 중에 질문을 던지거나 새로운 문제를 제기하지 않도록 하는 것이 필요하다.

3. 질문

면접을 하는 사회복지사는 몇 마디의 질문으로 클라이언트에게 많은 이야기를 하도록 해야 한다. 특히 클라이언트의 보조에 맞춰 우회적이고 도움을 주기 위한 질문을 해야 한다. 질문의 목적은 필요한 정보를 얻고 클라이언트의 마음을 탐색하며, 클라이언트의 말을 정확히 이해하여 대화의 실마리를 풀기 위함이다. 또한 치료의 개입수단으로 질문을 하게 된다. 여러 가지 질문의 기술이 있는데 구체적으로 살펴보면 다음과 같다.

1) 개방형 질문과 폐쇄질문

개방형 질문이란 자유로운 응답이 나올 수 있는 질문형태를 말한다. 반면 폐쇄형 질문이란 비교적 제한된 답이 나올 수 있는 질문의 형태를 말한다. 어떠한 질문의 형태가 좋다고 말할 수는 없지만, 클라이언트의 생각이나 감정이 어떠한지 폭넓게 들어보고 싶은 경우에는 개방형 질문이 좋다고 할 수 있겠다. 특히 폐쇄형 질문을 많이 할 경우에 클라이언트는 조사당한다는 느낌이 들 수 있으며, 불쾌할 수 있다.

- 개방형 질문 : “오늘 기분이 어떠니?”, “오늘 무엇을 느꼈니?”
- 폐쇄형 질문 : “오늘 기분 좋으니?”, “오늘 약속의 중요성을 느꼈지?”

2) 간접질문과 직접질문

직접질문은 문장의 형태가 의문문이고, 간접질문은 서술문의 형태로 이루어진다. 간접질문은 클라이언트 자신이 질문을 받는다는 느낌을 덜 받으며, 질문공세를 받는다는 느낌을 주지 않는다.

- 직접질문 : “이것, 네가 했지?”
- 간접질문 : “이것, 누가 했는지 모르겠네.”

3) 면접에서 피해야 할 질문

① ‘왜’ 질문

‘왜’라는 질문은 클라이언트를 방어적인 태도로 만드는 경향이 있기 때문에 질문을 받으면 사회적으로 허용하는 대답을 하게 된다.

- "그때 왜 그렇게 하셨죠?", "왜 그 직업을 선택했나요?", "왜 그렇게 행동했나요?"

클라이언트의 행동이나 상황에 대해서 '왜?' 대신에 '무엇', '언제', '어디서, 어떻게' 등에 초점을 두는 질문을 사용하는 것이 좋다.

- "그와 같은 결정을 내리게 된 배경은 무엇인가요?"

② 유도형 질문

유도형 질문은 클라이언트가 바람직한 결과를 이끌어 나가기를 바라는 마음에서 사회복지사의 감정이나 견해를 해결책의 형태로 간접적으로 나타내는 것이다. 이는 사회복지사가 클라이언트와 논의해야 하는 진정한 관심사를 모호하게 만든다. 또한 클라이언트에게 특정한 방향의 응답을 하도록 이끄는 질문이다. 솔직한 자신의 의견보다는 사회복지사가 원하는 혹은 기대하는 방향으로 거짓말을 할 수 있다.

- "당신은 아내를 사랑하지 않죠? 그렇죠?"
- "당신은 너무 어려서 독립할 수 없었던 게 아닙니까?"
- "당신이 어머니와 싸우게 되면 어머니가 당신을 위축되게 할 것이라 생각하지는 않나요?" 과거에 어머니가 그러했던 것처럼 말이에요."

4. 기타 면접기술

1) 요약

요약은 내담자가 말하는 내용의 초점을 압축해서 명확하게 하도록 하는 것을 말한다. 즉, 클라이언트의 생각, 행동, 감정들을 사회복지사가 언어로 정리하는 것이다.

사회복지사는 지금까지 행한 면접내용이나 지난번 면접내용을 요약하며, 토의를 해 온

것과 면접의 방향을 제시한 것을 간략히 반복한다.

요약은 토의해 온 항목의 주제를 명확히 해주게 되며 또 사회복지사가 계속된 토의의 내용을 알고 주의 깊게 들었다는 것을 의미하는 것이 된다.

2) 해석

해석은 클라이언트가 말한 것을 명확하게 설명하는 것이다. 이 해석은 사회복지사가 클라이언트에게 그의 어떤 행동이나 사고, 감정이나 생각 등을 지적해주는 것이기도 하지만, 거기에 대해서 그런 생각이나 감정이 본인에게 어떤 의미를 지니는지 그 의미에 관한 사회복지사 나름의 추리를 제시해주는 것을 말하기도 한다.

해석은 면접자가 클라이언트의 현존 사태에 대해 이해하도록 인식시키는 데 있다. 면접자는 클라이언트가 직면한 문제 상황에 대해 해석하는 것이 중요하다. 해석을 사용하는 전형적 목적은 클라이언트의 통찰을 촉진시키고자 하는 것이다. 해석을 통하여 새로운 대안, 좀 더 기능적 행동, 깊은 책임감을 갖도록 하는 데 도움을 준다. 즉, 클라이언트의 표현과 행동 상황 저변의 단서를 발견하고 그 요인들을 이해하여 클라이언트 스스로 자신의 문제를 해석하고 직면할 수 있도록 해주는 방법이다.

3) 반영

반영은 클라이언트의 말과 행동에서 표현된 기본적인 감정과 생각, 태도, 상담자에게 전달하는 메시지를 사회복지사가 듣고, 이를 다시 다른 말로 표현해 주는 것이다. “당신은 ~에 대해서 ~하게 느끼고 있군요”의 형식으로 반영한다. 예를 들면 직장에서 상사와의 어려움을 호소하는 클라이언트에 대하여, “당신은 직장 상사의 꾸중을 듣는 것에 대해서 힘들게 느끼고 있군요”와 같이 부연하여 반영한다.

따라서 반영의 영역을 감정 반영, 내용 반영 등의 두 가지로 나눌 수 있는데 구체적인 내용을 살펴보면 다음과 같다.

① 감정반영

감정반영은 클라이언트의 감정과 느낌 등을 사회복지사가 듣고, 음성과 비음 성적 언어로 표현해 주는 기술이다. 감정반영의 방법은 다음과 같다.

- 감정파악 : 클라이언트 이야기의 정서적 부분에 주의를 기울일 뿐만 아니라 행동에도 주의를 기울인다. 감정을 적절히 표현하기 위한 광범위한 단어를 사용한다. 내담자 감정 전부를 파악한다.
- 감정반영 : 클라이언트가 느끼는 듯한 감정을 명확하고 간결하게 요약한다. 뒤섞여 있는 감정을 반영해 준다. 클라이언트의 말을 그대로 되풀이하지 않는다. 현재 시제를 사용하면서 현재 감정에 초점을 둔다. 폭넓은 표현 방식을 사용한다.
- 감정반영을 통해 클라이언트는 자신이 느끼는 것을 깨닫게 됨 : 클라이언트는 자신의 감정을 받아들이고 살펴보게 된다. 클라이언트가 경험하고 있는 것을 상담자가 이해한다는 것을 보여 준다. 상담자와 클라이언트 사이에 탄탄한 관계형성이 이루어진다.

② 내용반영

클라이언트의 문제, 환경이나 그들의 다른 면에 대한 표현을 이해하고 있음을 전달하는 것이다. 사회복지사는 대부분 클라이언트에게 문제와 상황에 대해 말하도록 요청하는 것으로 시작한다. 클라이언트가 어느 정도 말을 하고 나서, 사회복지사가 그 메시지를 정확하게 다시 말하는 것은, 그 내용에 대해 이해하고 있음을 반영하는 것이다.

[표 8-2] 감정 표현을 증가시킬 수 있도록 하는 용어

감정	관련 용어
즐거운	흥미진진한, 대담한, 쾌활한, 명랑한, 밝은, 아주 기뻐하는, 정력적인, 자극적인, 창조적인, 엉뚱한
강인한	당당한, 기운찬, 존경받는, 만족하는, 인정받는, 귀중한, 희망 있는, 가치 있는, 주요한, 지적인, 충실한, 확신 있는
평온한	흡족한, 사색에 잠긴, 심사숙고하는, 편안한, 친밀한, 반응적인, 사랑하는, 평화스러운, 신뢰하는, 우수에 젖은, 감사하는, 양육하는

감정	관련 용어
슬픈	죄책감의, 수줍어하는, 부끄러워하는, 어리석은, 우울한, 애처로운, 외로운, 열등한, 지루한, 졸린, 불쌍한
격한/맹렬한	비판적인, 의심 많은, 짜증스런, 격분된, 화가 치미는, 성난, 좌절된, 적의에 찬, 이기적인, 상처를 주는, 질투심의 많은
두려운	거절당하는, 당황해 하는, 혼란한, 의기소침한, 무력한, 무의미한, 순종적인, 나약한, 불완전한, 바보스러운, 불안한, 당혹스러운

출처 : 길귀숙 외(2010).

4) 명료화

명료화는 클라이언트의 말 속에 내포되어 있는 의미를 내담자에게 명확하게 해 주는 것을 의미한다. 다시 말해서 클라이언트의 실제 반응에서 나타난 감정이나 생각 속에 암시되었거나 내포된 관계 또는 의미를 보다 분명하게 말해 주는 것이다. 클라이언트에게 언급해 주는 내용의 의미와 관계는 어디까지나 클라이언트의 표현 속에 포함되어 있다고 사회복지사가 판단한 것이다. 즉, 명료화의 자료는 내담자 자신이 미처 자각하지 못하는 의미 및 관계이다. 클라이언트가 애매하게만 느끼던 내용이나 자료를 사회복지사가 말로 표현해 준다는 점에서 클라이언트에게 자기가 이해를 받고 있으며 면담이 잘 진행된다는 느낌을 갖게 해 준다. 또한 클라이언트로 하여금 미처 생각하지 못했던 측면을 생각하도록 하는 자극제가 되는 것이다(김봉순 외, 2011).

5) 직면하기

직면하기란 클라이언트가 잘못하고 있거나 무엇인가 불일치하거나 모순점이 있을 때 클라이언트가 의식할 수 있고 살필 수 있는 것을 지적해 주고 그것이 내담자 자신의 문제와 어떻게 관련되는지를 생각해 보도록 하는 작업이다. 직면하기는 어떠한 형태로 나타나든 상대방의 언행에서의 불일치나 모순점 또는 잘못되었거나 개선해야 할 점들을 지적해 주는 것을 '맞닥뜨림'이라고도 부른다. 이는 상대방에게 반응하고 영향을 미치는, 그래서 행동변화를 일으킬 수 있는 강력한 힘을 가진 기술 중의 하나이다. 그래서 상대방이 이 기술에 대해 잘 반응하고 호응해 주면 대단히 효과적이지만, 그렇지 못하고 오히려 반발을 보이거나 심한 경우에는 클라이언트에게 심리적인 위협과 상처를 줄 수도 있는 강력한 것이다. 따라서 직면기술을 사용할 때는 클라이언트가 그것을 받아들일 준비가 되어 있는지를 면밀히 고려해야 하며 충분한 신뢰관계가 형성되기 전까지는 이 방법을 가능하면 피해야 할 것이다. 그렇지만 문제의 근원이 클라이언트에게 있다면 그것을 그냥 이해하고 넘어가서는 문제해결이 어려우므로, 이 경우에는 그것을 적절히 지적하여 변화할 수 있도록 도와줄 필요가 있다.

6) 자기노출

자기노출이란 사회복지사가 자기의 생각이나 감정, 경험을 들추어내는 것을 말하며, 대인관계나 조력관계에서 자신에 관한 것을 드러냄으로써 상대로 하여금 보다 인간적인 친밀감을 느끼도록 할 수가 있다. 자기노출은 사회복지사가 자신에 대한 고찰과 경험, 역사를 활용하여 특정 상황에 효과적인 행동을 취하고자 할 때 활용하는 기술이며, 일반적으로 사회복지사는 클라이언트에게 도움이 되지 않는 이상 절대 자신의 개인정보를 노출시켜서는 안 된다. 클라이언트는 사회복지사의 자기노출을 통하여 인간적인 정을 느낄 수가 있으며, 사회복지사도 자기노출에 의해 클라이언트의 사고와 감정을 공유하고 클라이언트를 도울 수 있다. 사회복지사는 클라이언트에게 도움이 되는 상황에 대해 자기노출을 할 수 있지만 자신의 과거문제나 경험을 지나치게 노출하는 것은 많은 위험을 수반하기 때문에 민감하게 다루어야 한다.

7) 정보 · 제안 · 제언

① 정보 주기

의사결정이나 문제해결에 필요한 정보를 제공하는 것이다. 또한 클라이언트가 이해하고 수용할 수 있는 수준에서 말이나 문서로 정보를 제공한다.

① 클라이언트의 인구학적 특성
② 서비스를 제공하는 방법과 사유
③ 클라이언트의 현재 및 과거의 문제나 욕구에 대한 기술-사회력(social history)
④ 사회복지사의 소견과 사정
⑤ 서비스의 목적
⑥ 서비스의 계획
⑦ 서비스의 특성
⑧ 서비스 종결의 방법과 사유
⑨ 서비스 활동과 결과에 대한 요약
⑩ 추후관리계획

4) 기록의 유형

사회복지실천 현장에서 기록의 유형은 최소 기본 기록, 과정기록, 요약기록, 문제 중심기록, 녹음 및 녹화기록 등의 다섯 가지로 나누어 볼 수 있다. 구체적인 내용을 살펴보면 다음과 같다(강병철 외, 2013; 이은희 외, 2014).

① 최소 기본 기록

최소 기본 기록(minimum basic recording)은 단순하고 경제적인 기록 양식이다. 이 기록 유형은 먼저 기본적인 신상 정보, 즉 클라이언트의 이름, 주소, 전화번호, 직업과 수입, 가족이나 친척의 주소와 전화번호를 포함한다. 그리고 면접 날짜와 주요한 클라이언트 문제, 목적, 개입 계획, 클라이언트의 반응, 탐색이 필요한 영역, 필요한 자원, 클라이언트를 위해 필요한 행동, 종결 상태를 기록한다.

② 과정기록

과정기록(process recording)은 사회복지실천에서 가장 오랜 역사를 가지고 있는 기록법으로 면접과정 중에 일어난 모든 일에 꼼꼼히 있는 그대로 기록하는 것이다. 초창기 사회복지사들은 클라이언트와 그가 처한 상황을 분석하기 위해 클라이언트의 말과 행동, 관찰, 신념 및 추측 등 기억할 수 있는 모든 것을 기록하였다. 이 방법은 정확한 피드백을 얻을 수 있어 실습생이나 직원 교육에서 사정기술 또는 면접 기술 등의 훈련에는 유용하나 시간이 많이 걸리고 번거로워 요즘은 별로 사용하지 않는다. 오히려 면접의 전 과정이 꼭 기록되어야 할 경우 비디오 촬영을 활용하는 방법을 쓰는데 이때에는 물론 클라이언트의 동의를 얻어야 한다.

③ 요약기록

요약기록(summary recording)은 일반적으로 사회복지기관에서 가장 많이 사용되는 기록형태로 시간의 경과에 따라 변화된 상황, 개입활동, 중요한 정보 등을 요약하여 기록하는 것이다. 시간대별로 서술하거나 요약기록으로 할 수 있다. 시간대별 서술은 일지형식과 유사하여 사건이 있을 때마다 기록한다. 요약기록은 일정 기간별로 묶어서 서술하는 형태인데 일지기록을 바탕으로 작성한다.

대개 사회복지실천과정 단계에 따라 요약하는 것이 효과적이며 요약의 내용에는 면접일시와 대상, 장소, 문제탐색, 표적문제와 개입전략의 요약 및 계약, 개입단계에서는 클라이언트의 과업수행과정과 표적문제의 진행상태, 사회복지사의 과업수행이 포함되고 마지막으로 종결단계의 문제 상태와 사후지도계획이 포함된다(엄명용 외, 2007). 요약기록은 사례가 장기간 지속될 경우나 클라이언트 상황과 서비스 교류의 특수한 본질을 반영할 수 있어 임상 실무를 기록하는 데 매우 유용하다.

④ 문제중심기록

문제중심기록(problem-oriented record)은 단순히 기록 차원을 넘어 문제해결 접근방법을 반영한다. 문제 중심기록은 우선 문제를 파악하기 위한 자료수집, 둘째, 문제의 규정과 구체적 문제목록 작성, 셋째, 개입계획 넷째, 개인의 수행 및 점검으로 영역이 나뉘어 개입의 초점을 잘 보여 주며 효율성을 향상시킨다는 평가를 받고 있다. 문제중심기록이 많이 사용하는 기록 포맷은 SOAIGP이다. 구체적인 내용을 살펴보면 다음과 같다.

- S : 주관적 정보(Subjective Information)
  클라이언트 입장에서 보는 상황에 대한 정보
- O : 객관적 정보(Objective Information)
  전문가의 관찰, 임상적 검사, 체계적 자료수집으로 이루어진 정보
- A : 측정(Assessment)
  주관적 및 객관적 정보를 검토하여 얻은 전문가의 결론
- I : 인상(Impression)
  사회복지사가 받은 인상, 가설, 사정 또는 평가
- G : 목표(Goals)
  현재 목표
- P : 계획(Plan)
  전문가의 문제해결 방안

⑤ 녹음 및 녹화기록

음성녹음과 화면녹화를 이용하여 면접과정을 관찰하고 재조사하며 분석하는 것이다. 또한 면담이나 개입장면의 전체를 기록하는 것이므로 직접 필기하는 것보다 효과적이며 기록보관의 보충적인 역할로 사용된다.

장점으로는 교육용으로 그리고 가족치료 및 실천에 대한 과정지향적인 접근법을 지도·감독할 때 유용하게 사용할 수 있다. 반면 단점 및 주의할 점으로는 클라이언트가 녹화나 녹음을 지나치게 의식하여 집중력이 떨어지거나 평소처럼 자연스럽지 않고 어색할 수 있으며, 녹음이나 녹화 시 클라이언트에게 사전에 알리고 반드시 동의를 구해야 한다(사회복지교육연구센터, 2014).

참고문헌

강병철 외(2013). 최신 사회복지실천의 이해. 동문사.

권구영 외(2011). 사회복지실천론. 창지사.

길귀숙 외(2011). 사회복지실천론. 양서원.

김경우 외(2013). 사회복지실천론. 창지사.

김경호(2011). 사회복지실천론. 양서원.

김봉순 외(2011). 사회복지실천론. 창지사.

김혜영 외(2012). 사회복지실천론. 공동체

나동석 외(2014). 사회복지실천론. 정민사.

박주현 외(2014). 사회복지실천론. 창지사.

사회복지교육연구센터(2014). 사회복지실천론. 나눔의집.

엄명용 외(2007). 사회복지실천의 이해. 학지사.

이은희 외(2014). 사회복지실천론. 양서원.

조휘일(2005). 사회복지실천기술론. 학현사.

Brown, J. L., Toby & Furstenberg, A. L.(1992). Restoring control : Empowering older patients and their families during health crisis. Social Work in Health Care.

Compton, B., R. & Galaway, B.(1999). Social Work Processes(6th ed.). Pacific Grove, CA : Brooks/Cole Publishing Company.

Kadushin, A.(1972). The Social Work Interview. N.Y. : Brunner/Mazel.

Kirst-Ashman, K. K. & Hull, Jr., G. H.(1993). Understanding generalist practice. Chicago : Nelson-Hall.

Zastrow, C. H.(1999). The Practice of Social Work(6th ed.). A Comprehensive Worktext. Pacific Grove, CA : Brooks/Cole Publishing Company.

제 9 장

사회복지실천의 접수

사회복지실천의 과정은 사회복지사와 클라이언트, 클라이언트를 둘러싼 다양한 환경 내의 체계들을 변화시키기 위해 그의 전문적 가치와 지식에 기초하여 개입하는 과정이다. 한편 사회복지실천의 과정을 접수 및 참여유도, 자료수집 · 사정 · 계획 · 개입 · 평가 및 종결로 나누고 있다(김융일 외, 2000).

[표 9-1] 학자들의 다양한 사회복지실천과정

Sheafor et al.	· 접수와 관계형성 · 계획과 계약 · 평가와 종결	· 자료수집과 사정 · 개입과 모니터링
Hepworth & Larsen	· 탐색, 사정 계획 · 종결과 평가	· 변화, 문제 해결
Johnson	· 사정 · 직접적 개입활동 · 평가 및 종결	· 계획 · 간접적 개입활동
Northen	· 사정 · 초기단계 · 문제해결 단계	· 계획 · 핵심단계 · 종결 · 평가
김융일 외	· 접수 및 참여유도 · 개입	· 자료수집 사정, 계획 · 평가 및 종결
장인협	· 사정 · 계획 · 개입	· 평가 · 종결
양옥경 외	· 접수 · 목표설정 및 계약 · 평가 및 종결	· 자료수집 및 사정 · 개입
엄명용 외	· 초기단계: 접수와 관계형성 · 중간단계: 개입수행 · 종결단계: 평가와 종결	

본 장에서는 접수(인테이크) → 자료수집 및 사정 → 계획수립 → 개입 → 평가 및 종결로 구분하고 있다.

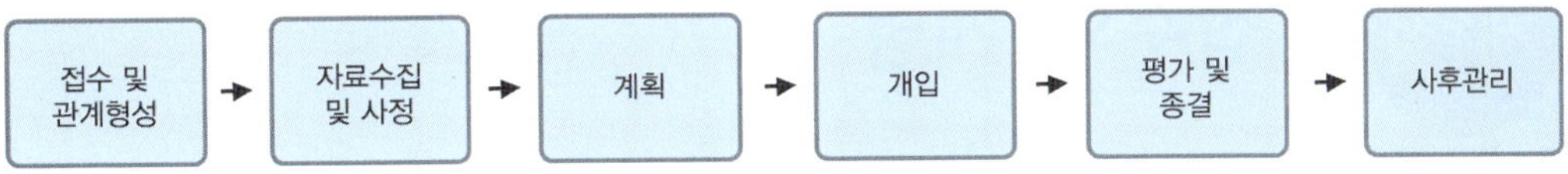

〈그림 9-1〉 사회복지실천과정

[표 9-2] 사회복지실천과정

주요활동	내용
접수(인테이크) 자료수집 및 사정	· 라포형성 · 클라이언트 개인 및 환경과 관련한 각종 정보수집 · 문제의 규정 및 개입방법 모색
계획수립 및 계약 개입 점검	· 서비스 제공에 대한 동의 및 계약 · 클라이언트의 능력을 최대한 개발, 활용 · 클라이언트에 대한 사회복지사의 충분한 피드백 제공 · 목표 또는 방법의 수정
평가 종결 사후관리	· 개입의 효과성 · 효율성 측정(클라이언트, 참여자, 사회복지사) - 각종 측정도구 활용 · 종결시기 결정 · 종결반응에 유의 : 클라이언트 및 사회복지사 자신의 종결에 대한 - 감정 검토 · 해결 · 개입을 통해 획득한 문제해결능력 및 성장의 유지를 위한 대책 · 일정 기간 후의 사후관리에 대한 언급 필요

출처 : 최덕경 외(2013).

제1절 접수의 개념

접수란 원조과정의 최초 단계이다. 이 접수(intake)는 클라이언트 중 문제를 가진 사람이 사회복지기관을 찾아왔을 때 사회복지사가 클라이언트의 문제와 욕구를 확인하여 그것이 기관의 정책과 서비스에 부합되는지의 여부를 판단하는 과정이다(양옥경 외, 2005). 즉, 클라이언트의 문제를 사회복지사는 정확히 하고 그에 대한 복지기관의 원조과정의 절차와 복지기관의 기능을 정확히 하여 앞으로의 원조에 대한 협조적 관계 여부를 판단하는 과정이라고 할 수 있다.

접수는 앞으로 진행될 전문적 관계의 과정을 결정하는 중요한 과정이며, 접수 시 사회복지사는 짧은 시간에 클라이언트와 긍정적 관계, 즉 신뢰관계를 맺음으로써 앞으로 전개될 변화과정에서 클라이언트의 변화 동기를 높이고 적극적 · 협조적 자세를 결정짓게 되기 때문에 사회복지사의 접수에서의 역할은 매우 중요하다. 그러나 현재 우리나라에서는 접수전담 사회복지사가 채용된 사회복지기관은 거의 없는 실정이다. 그러나 사회복지실천과정의 첫 단계로서 의미와 중요성에 대한 인식이 확대되면서 접수 담당자의 다음과 같은 특별한 자질이 요구되고 있다(최혜지 외, 2013).

첫째, 접수를 담당하는 사람은 클라이언트와의 짧은 만남을 통해 클라이언트의 욕구와 문제가 무엇인지 분석하고, 클라이언트에게 필요한 서비스나 프로그램을 파악할 수 있는 전문성이 필요하다.

둘째, 첫 만남이며 특히 짧은 시간 동안 이루어지는 과정임에도 클라이언트가 편안하게 자신의 문제를 이야기할 수 있도록 성공적인 라포형성의 기술이 요구된다.

셋째, 클라이언트의 욕구에 대응할 수 있는 물적 · 인적자원을 기관이 제공할 수 있는가를 판단할 수 있을 만큼 기관의 정책과 자원에 대한 충분한 이해가 있는 전문가여야 한다.

넷째, 접수를 담당하는 인력은 클라이언트가 기관의 도움을 받을 수 있는 자격요건이 없는 경우 타 기관에 의뢰하게 된다. 성공적인 의뢰를 위해서는 지역사회 내의 사회복지관련 자원에 대한 충분한 정보와 이해가 필요하다. 따라서 접수를 담당하는 인력은 지역사회 자원에 대한 폭넓은 정보를 갖고 있어야 한다.

시포린(Siporin)은 초기 과정을 다음과 같이 구체화하여 제시하고 있다(전재일 외, 2010).

첫째, 욕구상태에 있는 사람에 대한 서비스를 사정하고 기관에 잠재적 클라이언트를 받아들이기 위해서이다.

둘째, 욕구를 결정하는 데 따르는 신청자의 문제, 성격 및 상황을 이해하고 평가하기 위해서이다.

셋째, 이 욕구를 충족시키는 방법과 장소를 결정하기 위해서이다.

넷째, 기관이나 사회복지사를 통하여 이용할 수 있는 서비스에 대한 본질과 조건을 해석하고 정의하기 위해서이다.

다섯째, 서비스를 위한 적격성을 확인하여, 만약 신청자의 부적격성이 나타나면 그를 다른 곳에 의뢰하기 위해서이다.

여섯째, 협력적이고 적극적 원조관계를 수립하기 위해서이다.

일곱째, 신청자와 사회복지사 및 기관 내의 서비스의 계획과 계약을 협의하고 설정하기 위해서이다.

여덟째, 지정된 곳에서 신청자를 클라이언트의 역할로 안내하기 위해서이다.

아홉째, 초기 과정의 상황에 적절한 원조적 중재를 함으로써 클라이언트의 욕구를 충족시키기 위해서이다.

제2절 접수의 목표

1. 접수의 목표

접수 단계의 목표는 잠재적 클라이언트의 욕구가 사회기관의 목적과 서비스 내용에 있어서 더욱 적합한지 아닌지를 판단 · 선택하여 접수 여부를 결정하고 접수된 사례의 개입과정에 클라이언트가 적극적으로 참여하도록 유도하는 것이다.

이러한 과정에서 접수를 통해 그 사회기관에서 적합한 서비스를 줄 수 있다고 판단될 때 사회복지사를 찾아온 사람은 클라이언트가 되어 그다음 실천과정인 자료수집, 사정의 단계를 거쳐 적절한 서비스를 받게 된다. 또한 접수과정은 다음과 같은 구체적인 활동과 결정을 수반하고 있다(양옥경, 2005).

첫째, 클라이언트의 문제와 욕구에서 가장 중요한 것은 분명하게 확인하는 것이다.
둘째, 클라이언트와 사회복지사는 원조의 목적을 분명히 하고 원조과정에서 기대하는 바가 무엇인지를 명확히 한다.
셋째, 클라이언트의 욕구가 기관의 자원과 정책에 부합되는지 여부를 판단하는 것이다.

사회복지실천에서 접수가 이루어지는 상황에서 다음과 같은 유형으로 나누어 볼 수 있다(최혜지 외, 2013).

첫째, 적극적 자기 의뢰 : 자기의뢰는 클라이언트가 스스로 사회복지기관이나 사회복지사를 찾아 방문하여 서비스 또는 지원을 신청한 경우이다.
둘째, 비공식체계의 의한 의뢰 : 친구나 이웃 등 클라이언트와 클라이언트의 문제를 잘 알고 있는 주변 사람이 클라이언트를 위해 사회복지기관이나 사회복지사에게 서비스나 도움을 요청하는 유형의 접수이다.

셋째, 공식체계에 의한 자발적 의뢰 : 자기의뢰에 의해 사회복지기관에 도움을 신청한 클라이언트가 방문한 기관의 서비스를 이용할 수 있는 자격요건을 갖추고 있지 않거나 기관이 클라이언트의 욕구에 대응하는 서비스를 제공할 수 없을 때, 기관은 클라이언트를 적절한 기관에 의뢰한다.

넷째, 공식체계에 의한 비자발적 의뢰 : 클라이언트의 문제를 해결하기 위해 정부 또는 공공기관을 비롯한 공식체계가 기관이나 사회복지사에게 서비스를 신청해 이루어지는 접수이다. 예를 들면, 범법행위를 한 청소년의 심리적 재활을 위해 지방가정법원이 해당 청소년의 의사와 관계없이 아동상담소의 심리상담 프로그램을 신청한 경우가 공식체계에 의한 비자발적 의뢰에 해당한다.

다섯째, 발굴 : 발굴은 클라이언트나 클라이언트의 대리인이 서비스를 신청하지 않는다는 면에서 이전의 접수 유형과 차이가 있다. 발굴이란 사회복지사가 도움을 필요로 하는 클라이언트를 찾아 나서는 아웃리치(out reach)를 통해 클라이언트가 서비스를 신청하게 되는 접수의 유형이다.

6) 의뢰

클라이언트의 문제와 욕구를 확인해 본 결과 클라이언트 욕구가 사회복지기관의 서비스 방향이나 내용과 맞지 않을 때, 다른 적합한 사회복지기관으로 클라이언트를 소개하는 것을 말한다. 의뢰할 때 클라이언트의 동의가 필요하며, 클라이언트가 거부감을 느끼지 않도록 정서적으로 적절한 정보를 제공하여야 한다.

제4절 접수 기술과 기법

1. 문제 확인표 및 구성과 활용

접수에서 문제 확인표를 활용하면 클라이언트의 문제를 비교적 쉽게 확인할 수가 있다(Sheafor et al. 1988). 문제 확인표는 사회복지사가 기록하여 작성하는데, 같은 범주에 속한 클라이언트 집단의 유사한 상황을 충분히 예측한 내용이 포함되어 있어 클라이언트의 문제를 좀 더 쉽게 확인하도록 한 것이다. 문제 확인표의 가장 큰 장점은 자신들의 문제에 대해서 개념화하여 말로써 글로써 표명한 클라이언트의 자신들의 자료인 것이다. [표 9-1]은 문제 확인표의 작성 예이다.

[표 9-3] 장애아동부모의 문제 확인표

※ 다음은 장애아동의 부모들이 흔히 지적하는 문제와 근심사항들이다. 자세히 읽고 귀하의 문제, 근심, 기분과 가까운 항목에 표시하시오.

1. ( ) 아이의 능력을 모르겠다.
2. ( ) 아이에게 필요한 의료서비스에 필요한 돈이 없다.
3. ( ) 아이를 어떤 학교에 보내야 될지 모르겠다.
4. ( ) 아이 문제에 대해 여러 사람들이 조언을 해 주는데 누구 말을 들어야 할지 모르겠다.
5. ( ) 아이로 인한 스트레스 때문에 힘들다.
6. ( ) 임신해야 할 것인지, 그러나 이번 아이도 장애아일까 봐 두렵다.
7. ( ) 이 아이로 인해 다른 아이들이 상처를 입지 않을까 걱정이다.
8. ( ) 내가 없으면 이 아이를 누가 돌볼지 걱정이다.
9. ( ) 아이를 보고 있으면 죄책감이 든다.
10. ( ) 그 외 다른 문제나 걱정이 있으면 설명하시오.

출처 : 김융일 외(2000).

2. 면접과 의사소통 기술

의사소통은 필수적인 조건으로써 클라이언트의 문제를 확인하고 개입하여 원조를 제공하기 위한 것이다.

이러한 의사소통을 위한 가장 중요한 수단은 직접적 서비스의 핵심적 기술인 면접이다. 면접은 다음과 같이 경청, 질문, 비밀보장의 원칙 등 클라이언트의 삶의 질적 향상과 성장을 목적으로 문제를 해결하고, 이에 필요한 전략이나 행동을 모색하기 위해 정보를 주고받는 것이다(Hepworth & Larsen, 1986).

① 경청

말하는 사람의 생각이나 감정, 사고 등 전반적인 부분에 대한 이해를 동반한 듣기로, 경청은 면접관의 능력을 가늠하는 척도라 할 정도로 오랜 훈련을 통해 개발해야 하는 중요한 기술이다.

의사소통에서 장애를 제거하기 위해 사회복지사가 지켜야 할 지침을 소개하면 다음과 같다(장인협, 1999).

첫째, 클라이언트의 말은 문자 그대로 이해하기보다 그 안에 내재된 클라이언트의 기분을 이해하도록 한다.
둘째, 어조에 클라이언트에 대한 관심이 드러나도록 주의하고 분명하고 침착하게 말한다.
셋째, 몸자세나 눈 맞춤 등 비언어적 의사소통수단에 주의한다.
넷째, 클라이언트가 말한 것을 부연시키고 명확히 할 수 있는 질문을 한다.
다섯째, 클라이언트의 문화에 대해 이해한다.
여섯째, 클라이언트에 대한 선입견을 버린다.
일곱째, 면접시간의 길이에 대해 클라이언트에게 미리 알려준다.
여덟째, 면접을 1시간 이상 계속하면 의사소통이 어려워진다.

② 질문

클라이언트로 하여금 문제에 관한 자기 스스로의 생각과 느낌을 잘 표현하도록 효과적으로 이끌어내는 것을 질문하는 기법이라 할 수 있다. 질문은 훈련이 많이 요구되는 기술이다(박주현 외, 2014).

첫째, 폐쇄형 질문과 개방형 질문
둘째, 직접적 질문과 간접적 질문
셋째, 주의를 요하는 질문 유형

- 중첩형 질문 : 한 번에 여러 질문을 하는 유형이다.
- 유도형 질문 : 응답을 직접 혹은 간접적으로 이끌어 가려는 유형이다.
- '왜'형 질문 : '무엇', '어디서', '언제'가 바람직한 유형이다.
- 예-아니오형 질문
- 선택 제한형 질문

③ 비밀보장의 원칙

미국사회사업가협의회의 윤리강령을 보면 "사회복지사는 클라이언트의 사생활을 보호할 의무가 있으며, 전문적 관계에서 수집된 모든 정보에 대해서는 비밀이 보장되어야 한다"라고 규정되어 있다. 그러나 비밀이 더는 지켜질 수 없는 상황을 다음과 같이 제시하였다(장인협, 1999).

첫째, 클라이언트의 비밀을 보장하여서 다른 사람의 권리나 인권이 침해될 때
둘째, 비밀보장이라는 클라이언트의 권리가 클라이언트의 다른 권리와 충돌될 때
셋째, 비밀보장이 사회복지사의 의무와 권리를 침해할 때
넷째, 클라이언트가 밝힌 내용이 기관의 법적 책임과 권한, 사회적 공익에 위배될 때

제 10 장

사회복지실천의 자료 및 사정

제1절 자료수집 및 사정의 개념

1. 자료수집 및 유형

자료수집이란 클라이언트 개인과 그 환경에 대한 체계에 대한 객관적 자료를 수집하는 활동이다.

클라이언트의 자료수집에서 개입의 전 과정에 걸쳐서 이루어지지만 특히 자료수집단계에서 집중적으로 일어난다.

자료를 수집하는 기간과 양은 원조기간에 따라 다를 수 있다. 이는 문제의 복잡성, 사회복지사와 클라이언트의 관계 시 노력의 정도와 관련된다. 매우 간략하게 결정하기 위해 접촉할 때는 1회 정도의 면접에서 자료수집을 끝낼 수밖에 없다. 그러나 장기간에 달하는 원조과정에서는 4회 내지 6회의 면접이 소요된다. 수집되는 자료의 유형은 다음과 같다.

첫째, 이미 규정된 양식에 따라 문제를 수집하는 양식형으로, 사회복지기관의 목적에 적합한 자료를 조사하기 위하여 어떤 구체적인 내용을 항목이나 양식에 따라 사례의 자료를 수집하는 것을 말한다.

둘째, 실마리 형으로써 클라이언트의 욕구에 맞게 문제의 실마리를 찾는 자료수집이다. 클라이언트가 현재 가지고 있는 문제 전체를 이해하는 데 필요한 자료를 조사하게 되는 것을 말한다.

2. 사정 및 유형

사정(assessment)은 자료의 수집을 해석하고 주관적 의미를 부여함으로써, 최종적으로 문제를 규정하고, 문제의 인과관계를 확인하는 과정이다.

사회복지실천 초기에는 사정 대신 진단이라는 용어를 사용하였다. 진단이라는 용어는 리치몬드(Richmond)가 1917년 개별사회사업에서 처음 사용하였는데, 의학적인 느낌이 강하다는 비판을 받았다. 그러던 중 1970년 바틀렛에 의해 사정이라는 용어로 바뀌었다. 그러나 사정은 진단과 네 가지 다른 점이 있는데, 다음과 같다(Kirst-Ashman, K. K & Hull, 1999).

첫째, 사정은 클라이언트의 문제를 이해하기 위해 심리적 측면 외에 환경적 측면도 깊이 고려한다는 것이다.

둘째, 사정에서는 문제를 환경에서도 찾기 때문에 변화의 대상을 클라이언트로 국한하는 것이 아니라 환경적, 제도적 부분까지 확대된다.

셋째, 의료적 모델에서 클라이언트는 단순히 사회복지사의 치료를 받아들이는 변화의 대상에 불과했지만, 사정이라고 할 때는 클라이언트의 참여가 중요시된다.

넷째, 클라이언트는 단순히 병적인 존재가 아니라 문제해결을 위한 능력을 가진 능동적인 존재로 평가된다. 즉 사정에서는 클라이언트의 문제에만 초점을 두지 않고 강점을 강조한다.

사정을 과거 사회사업과정에서는 '조사(study)', '진단(diagnosis)' 그리고 '치료(treatment)' 세 단계로 분류되었는데, 이제 사회복지실천과정에서 사정은 조사와 진단을 포함한다. 그리고 치료는 서비스 계획과 개입과정으로 나뉜다(Johnson & Yanca, 2009).

사정은 클라이언트의 문제와 강점 및 약점, 자원을 이해하며, 문제에 영향을 주는 환경으로 파악하고, 클라이언트와 환경 간의 상호교류를 이해하는 과정이다. 또한 그 교류가 문제에 어떻게 영향을 미치는지 그리고 어떻게 영향을 받는가에 대하여 이해하는 과정이다. 따라서 사정은 수집된 자료를 분석하여 문제를 규명하고, 그 문제를 일으킨 요인이 무엇인지를 파악하고 문제를 해결하기 위해 무엇을 할 것인지를 찾아내는 과정이다. 그런데 그 문제 상황은 '환경 내 인간(person in environment)' 관점에서 파악하기 때문에 사정은 개인, 가족, 환경 모두에서 사정이 요구된다.

사정에서 사회복지사는 클라이언트의 문제원인에 대해 이해하는 데 많은 노력을 하게 된다. 브라운(Brown, 1992)은 사정에서 사회복지사가 고려해야 할 질문내용들을 열 가지로 유형화하고 있는데, 그 내용은 다음과 같다(김기태 외, 2007).

① 클라이언트 상황의 본질은 무엇이며, 그 자체는 어떠한 형태로 나타나는가?
② 문제에 대한 클라이언트 이해의 태도는 어떠한가?
③ 클라이언트는 동기를 나타내며, 문제해결에 대한 의지가 있는가?
④ 현재 문제가 클라이언트의 실제적인 문제인가?
⑤ 클라이언트는 왜 이 시점에서 사회복지사에게 도움을 구하는가?
⑥ 문제의 발생과 진행과정의 지속시간은 어느 정도인가?
⑦ 클라이언트의 장점과 약점은 무엇인가?
⑧ 클라이언트의 과거에 사용된 효과적인 문제해결기제는 무엇인가?
⑨ 클라이언트의 목표와 기관에 대한 기대는 현실적인가?
⑩ 클라이언트 문제 개입에 누구의 관여가 필요한가?

제2절 자료수집 및 사정의 특성

1. 자료수집 특성

클라이언트의 자료들은 보통 클라이언트가 작성한 양식, 클라이언트와의 면담, 비언어적 행동에 대한 직접적 관찰, 상호작용에 대한 직접적 관찰, 부가적 정보, 심리검사 및 사정도구, 클라이언트와의 직접적인 상호작용에 근거한 사회복지사의 경험, 클라이언트의 자기 모니터링 등이 있다(양옥경 외, 2005).

① 클라이언트가 작성한 양식

초기 면접 시 직접 작성하여 기관에 제출한 기록양식의 정보로 첫 번째 중요 자료원이 된다.

② 클라이언트와의 면담

클라이언트에 대한 상당한 정보를 알 수 있는 단계로, 어떤 경우에는 유일한 정보원이 되기도 한다. 이것은 지속적으로 확인되어야 하는데 클라이언트가 표현하는 문제, 느끼는 감정, 문제를 해결하기 위한 개인적 노력, 문제의 역사 등에 대한 개인의 의견이 포함된다.

면담과정에서 클라이언트의 구두 진술은 가장 중요한 출처로써 질문을 통하여 얻게 되는 반응의 자료이다. 이것은 진술 내용에 따라 객관성과 타당성에 문제가 있을 수 있다.

③ 비언어적 행동에 대한 직접적 관찰

면접 중 클라이언트의 정서적 상태와 반응에 대한 직접적 정보를 획득할 수 있는 출처이다. 사회복지사는 클라이언트의 몸짓, 표정, 손동작, 억양 등 비언어적 행동이 보다 더 감정적 사고를 전달하기도 한다.

④ 상호적용의 직접적 관찰

클라이언트의 우연에 의한 관찰이 아닌 어떤 특정한 목적을 위해 의도적으로 계획된 관찰이다. 사회복지사가 선택하는 기법은 정보의 질과 정확성을 좌우한다. 배우자와의, 가족 구성원과의, 집단 내에서의 상호작용 등의 직접적 관찰로 사회복지사는 많은 정보를 되었다.

⑤ 부가적 정보

가족, 이웃, 친구, 친척, 학교, 종교기관 등으로부터 얻는 정보의 활용이 이러한 정보를 획득하기 위해 필요한 정보의 정확한 출처를 파악할 수 있어야 한다.

그러나 부가적 정보를 얻기 위해서는 클라이언트의 동의가 반드시 필요하고 바람직하다.

⑥ 심리검사 및 사정도구

정보자료의 객관적이고 표준화된 측정을 통해 클라이언트의 내적 · 심리적 특성을 알아내는 과정이다. 클라이언트의 자기보고식 응답의 결과를 전문가를 통한 해석으로 과학적이고 객관적인 자료를 습득할 수 있다.

⑦ 직접적인 상호작용에 근거한 사회복지사의 경험

사회복지사의 개인적 경험, 즉 클라이언트와의 직접 상호작용의 결과 자료는 아주 중요한 것이다. 사회복지사가 경험한 클라이언트에 대한 인상과 느낌은 다른 사람들에게도 유사할 수 있을 것이다.

⑧ 클라이언트의 자기 모니터링

클라이언트의 자기 모니터링이란 본인 스스로 체크하는 것으로, 만약 자기문제를 명확하게 인식하지 못하는 경우 문제행동빈도 및 문제행동 발생 시 감정 등을 해보도록 하는 의미인 것이다. 이것은 클라이언트가 자기의 통찰력과 적극적 참여를 유도하며 무력감을 감소시킬 수 있다.

2. 사정의 특성

사정에 대해서 주요 학자들의 특성을 살펴보면 다음과 같다(노혁, 2014).

① 사정은 계속되는 과정이다.

사정은 사회복지실천과정 전체를 통하여 계속된다. 초기 사정뿐만 아니라 면담을 통하여 사회복지사와 클라이언트의 상호협력 과정에서 새로운 정보가 나타나고 클라이언트의 욕구와 문제에 대한 인식 변화 등이 일어날 수 있으므로 사정은 실천과정 동안 계속되어야 한다.

② 사정은 두 가지에 초점을 둔다.

첫 번째는 상황 속의 클라이언트를 이해하는 것이고, 두 번째는 개입계획의 기초를 제공하는 것이다.

클라이언트의 내면과 성격을 이해하고 판단하며 사정하는 것뿐만 아니라 클라이언트를 둘러싼 인간과 환경에 대한 이해를 통한 포괄적인 사정이 필요하다. 이것을 위해서는 정보는 다양한 경로와 형태로 수집되어야 하지만 가장 중요한 것은 클라이언트 자신의 이야기를 잘 듣는 일이다. 물론 클라이언트의 언어뿐만 아니라 비언어적 표현 등도 중요한 정보 제공원이 된다. 한편 상황 속의 인간으로서 클라이언트를 이해하는 것과 동시에 수집된 정보를 통하여 클라이언트의 욕구와 관심을 이끌어 냄으로써 클라이언트와 주변 환경의 변화를 위한 개입의 중요한 기초를 쌓을 수 있어야 한다.

③ 사정은 클라이언트와 사회복지사의 상호성을 기초로 한 과정이다.

사정은 기본적으로 사회복지사와 클라이언트의 상호과정 속에서 나타난 자료수집을 통해서 진행된다. 즉, 사회복지사의 관찰 및 클라이언트의 이야기 등을 통해서 자료가 제공된다. 사회복지사는 클라이언트를 둘러싼 환경의 이해를 획득하고 사실의 의미를 수립하기 위하여 클라이언트와 함께 관찰한 것과 다른 정보에 대해서 토의해야 한다. 이러한 과정은 클라이언트의 역량을 강화시키는 의미뿐만 아니라 정확히 어떤 것이 중요한 것인지 등을 알 수 있는 방법이 된다.

④ 사정의 과정은 끊임없이 움직인다.

클라이언트의 문제와 사실은 그것을 보는 시각과 상황의 변화에 따라서 적극적으로 역동적으로 움직여야 한다.

⑤ 사정은 수평과 수직적 탐색 모두가 중요하다.

사회복지사는 항상 클라이언트의 수평적 탐색과 수직적 탐색 중 어느 것이 필요한 시점인지에 대한 판단을 해야 한다. 즉, 수평적 탐색은 클라이언트의 욕구에 필요한 환경체계(eco-system)에 있는 자원과 강점이다, 수직적 탐색은 클라이언트를 둘러싼 환경에 대한 정보(자원, 강점 등)가 얼마나 클라이언트의 욕구와 정서에 부합되는지 심도 있게 찾는 것이다.

⑥ 사정에는 지식이 필요하다.

사정은 클라이언트의 상황과 성격의 특수성을 감안하면서 지식은 계속 수정되고 응용되어야 한다.

⑦ 사정은 욕구를 발견하고 욕구만족을 방해하는 것이 무엇인지를 생활상황과 관련지어 명확히 하기 위한 과정이다.

사정에서 사회복지사는 사정을 통해서 클라이언트의 욕구를 정확히 밝혀내는 일이 무엇보다 중요하다.

⑧ 사정은 개입과정에 기초가 되는 클라이언트와 환경체계의 강점을 포함해야 한다.

사회복지사는 사정을 통해 클라이언트가 가진 신체 · 정신 · 정서 · 행동과 관련한 강점을 파악하고, 그러한 강점을 클라이언트가 과업과 목표를 성공적으로 달성하는 데 활용해야 한다.

⑨ 사정은 개별적이다.

클라이언트에 따라서 사정의 방법 및 방향이 달라져야 하며, 또한 클라이언트가 연관되어 있는 다른 상황도 생각해야 한다.

⑩ 사정은 판단이 요구된다.

사회복지사는 사정에서 어떤 내용에 어떤 지식을 응용할 것인지 그리고 어떤 부분을 고려할 것인지, 그것을 클라이언트와 어떻게 연결시킬 것인지, 어떻게 문제 정의를 할 것인지 결정해야 한다.

⑪ 사정은 완벽할 수 없다.

사회복지사는 클라이언트를 완전히 이해하는 데 한계가 있다는 것을 알아야 한다.

제3절 자료수집 및 사정에서 활동

1. 자료수집의 활동

사회복지사는 자료수집을 위한 면접을 할 때 미리 클라이언트와 클라이언트가 처한 상황에 대하여 수집하기를 원하는 정보에 관한 명확한 밑그림을 가지고 있어야 한다.

일반적으로 사회복지사는 클라이언트 개인의 생활력, 인간관계, 경제문제, 건강·정서적 상태, 현재 어려움에 처한 문제내용 등에 대한 사실을 수집한다. 자료수집의 활동은 다음과 같은 내용을 포함하고 있다(최혜경 외, 2009).

① 클라이언트의 일반적 사항 : 인적사항, 가족사항, 주거사항 등 기본정보 수집
② 개인력 : 개인 생활주기 구분, 사건, 경험, 감정, 사회적 관계 정보 수집
③ 가족력 및 가족관계 : 가족사, 구성, 관계 정보 수집
④ 클라이언트의 기능 : 신체적, 정서적, 사회적, 지적 기능 정보 수집
⑤ 클라이언트의 능력 : 강점, 약점, 잠재능력 정보 수집
⑥ 클라이언트의 사회적 자원 : 공식적·비공식적 자원 이용, 적절성, 문제점 파악

2. 사정에서 활동

사회복지실천에서 그 목적과 중요사항은 매우 다층적이므로 사정의 활동은 가변적이다. 클라이언트에 대해 정확히 알기 위해 중요한 것은 클라이언트의 환경, 제기된 요구 진술된

문제 등이다.

1) 문제형성

사정과정에서 가장 중요한 작업은 문제를 형성하는 것이다. 이것은 접수에서의 문제 확인보다는 좀 더 심층적으로 문제의 성격과 원인을 이해하는 것이다.

접수과정에서 문제 확인은 주로 클라이언트 스스로가 말하는 문제에 기초한다면 이 사정에서는, 즉 문제형성은 문제에 대한 사회복지사의 평가에 더 큰 비중이 실린다는 점에서 차이가 있다. 따라서 이 과정에서의 문제 형성은 처음 클라이언트가 말하는 문제와는 다르게 평가될 수도 있다. 물론 이런 경우에도 반드시 클라이언트의 동의가 수반되어야 한다.

존슨(Johnson)은 문제를 규정하는 데 세 단계를 제시하였다.

첫째, 사회복지사는 해결되지 않는 클라이언트의 욕구가 무엇인지 확인해야 한다.
둘째, 욕구를 충족시키는 데 장애가 되는 요인을 파악해야 한다.
셋째, 이에 기초하여 문제해결계획이나 개입방향이 드러나도록 문제를 규정한다.

[표 10-1] 클라이언트의 문제에 대한 학자별 분류

Reid & Epstein(1977)	① 대인관계상 갈등 문제 ② 사회적 관계상 불만족 ③ 공식적 체계와의 문제 ④ 역할수행상의 어려움	⑤ 의사결정문제 ⑥ 정서적 문제 ⑦ 부적합한 자원 문제 ⑧ 심리문제와 행동문제
Northen(1982)	① 대인관계상 갈등 문제 ② 사회적 관계상 불만족 ③ 공식적 체계와의 문제 ④ 역할수행상의 어려움 ⑤ 의사결정문제	⑥ 정서적 문제 ⑦ 부적합한 자원 문제 ⑧ 심리문제와 행동문제 ⑨ 관계상실 ⑩ 문화적 갈등

Germain & Gitterman(1996)	① 생활전환상 문제 · 발달적 변화 · 역할지원변화 · 위기사건 ② 사회적 · 물리적 환경으로부터의 적절한 반응을 얻지 못함에서 오는 문제 ③ 가족과 기타 일차집단 내의 의사소통과 관계상의 어려움
Kirst-Ashman & Hull, Jr.(1999)	① 대인관계문제 ② 사회적 관계상 불만 ③ 공식적 체계(기관)와의 문제 ④ 역할수행상 어려움 ⑤ 직업전환, 자녀출산, 이혼, 사별과 같은 생활전환상의 문제 ⑥ 심리 및 행동문제 ⑦ 부적당한 자원(자원결핍) ⑧ 의사결정의 문제 ⑨ 문화적 갈등 ⑩ 문제의 우선순위를 결정하는 문제

출처 : 양정남 외(2011).

2) 개인 대상 사정

① 클라이언트 문제 사정하기

사정은 클라이언트가 제시한 문제에서 출발한다. 즉, 클라이언트가 제시한 문제가 바로 가장 시급하게 느끼고 있는 문제이며, 그것의 도움을 요청하기 때문이다. 문제를 사정하기 위해서는 다음과 같은 질문이 사용되도록 한다(양옥경 외, 2005).

- 구체적으로 무엇이 문제인가?
- 클라이언트는 문제를 무엇이라고 생각하는가?
- 문제체계에 누가 관련되어 있는가?
- 참여자들이 어떻게 관련되어 있는가?
- 문제의 원인은 무엇인가?
- 문제행동이 어디서 일어났는가?
- 언제 문제행동이 일어나는가?
- 문제의 빈도, 강도, 지속기간은?

② 클라이언트의 관심사 및 욕구 사정하기

클라이언트의 욕구를 사정하기 위해서는 다음 세 가지 중요사항이 있다.

- 충족되지 않는 욕구 인식하기
- 욕구충족의 장애물 인식하기
- 욕구 및 관심을 구체화하기

③ 클라이언트의 강점과 약점 사정하기

사회복지사는 클라이언트의 강점을 규명하기 위해 다음과 같은 것이 사용되도록 한다.

- 클라이언트가 가진 뛰어난 자질은 무엇인가?
- 클라이언트와 다른 사람을 구분하는 고유한 특성은 무엇인가?
- 클라이언트를 지지하는 자원에는 어떤 것이 있는가?
- 클라이언트는 사회적 환경 및 물리적 환경에 어떻게 기여하는가?

④ 클라이언트의 가족 사정하기

가족을 올바르게 사정하기 위해서는 가족구조, 의사소통, 가족관계 및 가족기능 등을 사정한다.

3) 집단대상 사정

집단대상 사정은 집단 구성원에 대한 사정, 전체 집단 사정 모두에 초점을 두어야 한다.

① 집단 구성원의 개인사정

- 집단사회복지사는 각 구성원에 대해 앞의 개인 대상 사정영역과 동일하게 개인사정을 한다.
- 집단사회복지사는 개인 구성원의 행동과 인식상의 특성을 기록하여 개인별 프로그램을 작성한다.

② 전체 집단의 사정

사회도(socio-gram, 소시오그램)는 상징을 사용하여 집단 내 구성원들 간의 상호작용을 표현하는 그림으로, 구성원 간의 개인적 수용과 거부 및 집단 내의 대인관계를 평가하는 데 사용하는 것이다.

4) 가족대상 사정

가족의 구조와 기능, 발달차원에 대해 추가적으로 자료를 수집 · 분석하고 종합하여 가족에 대한 개입을 계획하는 일련의 과정이다.

① 가족의 구조와 기능

가족의 경계와 하위체계, 가족의 권력구조, 가족규칙, 가족응집력, 의사소통

② 가족발달

가족 생애주기

③ 가족단위의 사정 틀

제4절 자료수집 및 사정의 기술과 기법

1. 자료수집 기술과 기법

클라이언트에 대한 자료수집에는 다음 세 가지가 있다.

① 면담 : 면담은 생각과 느낌이 교환되는 가운데 목적을 갖고 개인과 개인 또는 개인과 집단 사이에 언어와 비언어적 의사소통수단을 통하여 목적지향적 대화를 말한다.
② 클라이언트, 사회복지사의 관찰 : 비언어적인 형태의 자료를 수집할 때 유용한 방법이다. 특히 클라이언트가 스스로에 대한 내용을 자기보고식으로 기입하는 것과 사회복지사가 관찰하는 방법이다.
③ 검사 : 클라이언트의 심리 또는 정서검사를 말한다. 즉 지능, 동기, 자아개념 불안, 우울 등의 정서적 상태를 구조적 검사지를 통해 파악하는 방법이다.

2. 사정 기술과 기법

1) 가계도

가계도(genogram)란 3세대 이상에 걸친 가족 구성원에 관한 정보와 그들 간의 관계를 도표로 기록하는 작성방법이다.

가계도를 통해서 가족이 가지고 있는 문제점을 추적하고 강점과 해결을 찾아나가는 정보로 활용된다. 가계도는 사회복지실천에서 가장 널리 활용되는 사정의 도구로서 여러 가족 구성원세대를 살펴봄으로써 개인 및 가족을 사정하는 데 유용한 사정도구이다.

① 가계도 작성법

초기 면접에서 작성되는 것으로 클라이언트 체계가 편안한 분위기에서 시작하며 사회복지사와 클라이언트 체계가 공동으로 작업한다.

- 가족구조를 우선 구성한다.
- 가족 구성원에 대한 정보(예 : 출생, 사망, 직업, 결혼 등)를 표기한다.
- 가족관계를 표현한다.

② 가계도를 통한 분석내용

- 가족구조에 대한 체계적 이해
- 가족 내에서 클라이언트의 위치
- 가족사건에 대한 이해
- 가족의 상호작용 유형
- 문제의 발견

2) 생태도

생태도(eco-map)는 1975년 앤 하트만에 의해 고안된 것으로서 체계적이고 생태학적인 관점에서 가족을 이해하는 데 도움이 된다. 생태도는 클라이언트 개인이나 가족이 외부 환경체계들과 어떻게 관련되어 있는지 그림으로 나타내는 것으로 사회복지사가 클라이언트와 환경과의 관계 또는 가족과 환경과의 관계에 대한 정보를 획득하도록 돕는 사정도구이다.

가계도 그리기

생태도 그리기

① 생태도 구성요소

- 가족 구성원의 가계도
- 개인 또는 가족의 외부 자원체계
- 가족과 외부 자원체계 간의 에너지 흐름

② 생태도를 통한 분석내용

- 클라이언트 또는 가족의 삶의 공간에 존재하는 현재의 직접적 환경체계 확인
- 각 가족 구성원과 자원체계 간의 에너지 흐름 분석
- 각 가족 구성원과 자원체계 간 관계의 양과 질 분석
- 환경체계의 변화가 필요한 내용을 확인
- 가족의 적응에 기여한 상호교류와 가족생활을 해치며 가족기능을 약화시키는 상호교류에 대한 이해를 도모
- 가족의 상호교류의 문제점을 사회복지사와 클라이언트가 공동으로 인식한 후, 개선 또는 향상시킬 점과 이를 위해 필요한 자원 및 행동목록 확인

3. 사회적 관계망 그리드

1) 사회적 관계망 그리드

사회적 관계망 그리드(social support network grid)는 트레이시와 휘태커(Tracy & Whittaker, 1990)에 의해 개발된 클라이언트의 사회적 망을 사정하는 도구이다.

사회적 관계의 지지 정도와 질, 지지의 방향, 지지기간 등을 보여준다.

사회적 관계망 그리드는 다음과 같이 작성한다(이원숙, 2008).

- 가족, 친척, 직장, 학교, 조직(클럽, 종교집단 등), 친구, 이웃, 전문가 등 7개 영역에서 사회망 구성원을 규명한다.

- 개인과 사회망 구성원들 간의 관계에 대해 질문한다. 여기에는 물질적 지지, 정서적 지지, 정보 및 조언, 비판, 도움방향, 친밀도, 접촉빈도, 알고 지낸 기간 등을 기록한다.

[표 10-2] 사회적 관계망 그리드

성명		생활 영역	물적 지지	정서 지지	정보·조언	비판	도움 방향	친밀도	접촉 빈도	알고 지낸 기간
		1. 가족 2. 친척 3. 직장/학교 4. 조직 5. 친구 6. 이웃 7. 전문가 8. 기타	1. 가끔 제공 2. 자주 제공 3. 항상 제공	1. 가끔 제공 2. 자주 제공 3. 항상 제공	1. 가끔 제공 2. 자주 제공 3. 항상 제공	1. 가끔 제공 2. 자주 제공 3. 항상 제공	1. 양방향 2. 내가 그에게 3. 그가 나에게	1. 양방향 2. 내가 그에게 3. 그가 나에게	0. 못 봄 1. 1년 몇 번 2. 1개월 한 번 3. 1주일 한 번 4. 매일	1. 1년 미만 2. 1~5년 3. 5년 이상
1										
2										
3										
4										
5										

출처 : 이원숙(2008).

2) 사회도(소시오그램)

모레노와 제닝스(Moreno & Jennings, 1950)가 개발한 것으로서, 상징을 사용하여 집단 내 구성원들 간의 상호작용을 나타낸 그림이다. 구성원들 간의 개인적 수용과 거부 및 집단 내의 대인관계를 평가하는 데 사용하는 기법으로서 주로 집단과 일하는 사회복지사가 집단 내의 소외자, 하위집단, 연합 등을 파악할 때 많이 이용한다.

개입과정에서 집단구성원들의 상호작용의 변화를 측정할 때는 여러 번 그려서 비교해 봄으로써 집단의 특징적 상호작용과 대인관계 유형의 변화를 파악할 수 있다

참고문헌

강용규(2011). 사회복지개론. 공동체.

김기태 외(2007). 사회복지실천론. 양서원.

노혁(2014). 사회복지실천론. 학지사.

양옥경 외(2005). 사회복지실천론(3판). 나남출판.

양정남 외(2011). 사회복지실천론(3판). 양서원.

이은희 외(2014). 사회복지실천론. 양서원.

이원숙(2008). 사회복지실천론. 학지사.

최혜경(2009). 사회복지실천론. 학지사.

Johnson,L. C. & Yanca. S. J.(2009) Social work practice A generalist approacb(10tb ed). Boston : Allyn & Bacon.

Kirst-Ashman, K. K. & Hull, G. H. Jr.(1999). Understanding generalist practice Chicago : Nelson-Hall. publishers.

제 11 장

사회복지실천의 계획

제1절 계획의 목적 및 목표

계획수립은 사회복지사와 클라이언트가 자료를 수집하고 사정하는 과정을 거친 후 수집된 자료를 근거로 사회복지사와 클라이언트가 상호 합의하에 목표를 구체화시키고 이를 달성하기 위한 계획을 세우는 과정이다.

계획은 사정에 기초하여 시행되고 사정의 결과물로 산출된다. 계획은 문제해결과정의 한 부분이며 논리적 근거에 의해 다양한 가능성을 신중하게 검토하는 과정이다. 또한 계획은 개입행동에 대한 논리를 구체화하는 기술이라고 할 수 있다.

리드와 엡스타인(Reid & Epstein)은 개입계획의 중요한 조건을 다음과 같이 설명한다.

첫째, 클라이언트에게 가장 의미 있는 문제 범주 규명
둘째, 각 문제를 명시적 행동용어로 재 진술
셋째, 클라이언트와 함께 중요한 순서대로 문제의 우선순위를 정하고
넷째, 클라이언트와 최우선적으로 해결할 문제에 대하여 합의

계획내용이 분명하고 구체적이어서 실천의 방향과 내용, 책무성이 분명하게 드러날 수 있게 해야 하지만, 실천과정에서 계획의 수정이 불가피할 수 있음을 고려해야 한다. 목적을 설정할 때 클라이언트의 환경과 배경에 민감해야 하며, 문화적인 가치와 다양성이 통합될 수 있도록 클라이언트에 따라 개별화해야 한다(Johnson & Yanca, 2009).

1. 목적

목적(goal)은 클라이언트와 사회복지사가 사회복지실천과정을 통해 전체적, 최종적으로

성취하기 원하는 바람직한 결과를 의미한다.

리드(Reid, 1970)와 우드(Wood, 1978)는 사회복지사들이 너무 일반적인 목적을 설정하는 경향이 있으며, 이로 인해 초점이 결여되고 비현실적이거나 모호한 결과를 가져온다고 하였다.

목적설정은 클라이언트가 다른 사람이나 자기 자신을 비난하는 데서 탈피하여 이제까지와는 다른 더 나은 미래를 개척해 나가는 책임성을 부여한다. 또한 클라이언트의 선택권에 대한 인식을 높이며, 치료과정에서 적극적인 역할을 수행할 기회를 클라이언트에게 제공한다(송성자 외, 2012). 또한 커스트-애시먼과 헐(Kirst-Ashman, K. K. & Hull, 1999)은 목적을 분명하게 설정하면 다음과 같은 장점이 나타난다고 하였다.

첫째, 사회복지사와 클라이언트가 문제에 대한 정의, 성취하고자 하는 결과 그리고 이를 위해 필요한 변화 등에 대한 합의하고 있음을 보증해준다.
둘째, 원조과정에 방향성, 초점 그리고 지속성을 제공해 주며 방황을 예방해준다.
셋째, 목적설정은 클라이언트의 관심과 문제에 대한 정의에 타당성을 부여하며 클라이언트의 임파워먼트를 활성화한다.
넷째, 적절한 전략 및 개입방법의 개발과 선택을 활성화한다.
다섯째, 사회복지사와 클라이언트가 진전(progress)을 모니터 할 수 있도록 도와준다.
여섯째, 특정 개입방법과 원조과정의 효과성을 평가하는 결과기준으로 활용할 수 있다.

클라이언트 체계가 추구하는 목적은 아주 다양하다. 사회복지실천상황에서 접할 수 있는 목적의 유형을 살펴보면 다음과 같다(Goldstein, 1973).

첫째, 재정적 지원, 고용, 건강보호 혹은 주거와 같이 구체적 재화, 서비스 또는 필요한 자원을 획득하는 것
둘째, 중요한 인생 결정을 내리는 것, 위기를 해결하는 것, 즉각적인 디스트레스를 해소하는 것, 혹은 변화의 장애를 제거하는 것
셋째, 커뮤니케이션 패턴, 상호작용적 행동 혹은 역할과 규칙을 변화시킴으로써 가족, 조직 혹은 지역사회와 같은 사회체계들의 구조를 수정하는 것

넷째, 합리적 계획을 통하여 '선경지명이 있는 목적들'을 추구하거나, 미래에 대한 포부를 실현시키는 것
다섯째, 성장과 변화의 기본적 가치를 인정하는 것 그리고 최대 잠재력을 실현하기 위하여 사회복지서비스를 받는 것

클라이언트와 사회복지사가 다를 표적이슈 및 목적의 우선순위를 결정하는 것이 필요하다. 이것이 고려해야 할 지침은 다음과 같다(Sheafor & Horejsi, 1988).

첫째, 클라이언트에게 가장 시급한 사안으로, 클라이언트의 안전에 위협이 되는 사항이 필요하다.
둘째, 클라이언트가 변화하기 원하는 문제나 관심사 우선순위를 반영한다.
셋째, 사회복지사에게 합법적인 권위를 가진 법원, 보호관찰소, 아동보호기관으로부터 위임받은 문제가 있다면 이를 포함한다.
넷째, 클라이언트에게 가장 부담이 되는 문제, 역점을 두거나 고치지 않으면 클라이언트에게 부정적인 결과를 낳을 수 있는 문제는 무엇인지, 역점을 두거나 고친다면 클라이언트에게 긍정적인 결과를 가져다줄 수 있는 문제는 무엇인지 검토한다.
다섯째, 사회복지실천과정에서 사용할 수 있는 시간, 에너지, 자원이 제한된 경우, 제한된 투입요소로 실행 가능한 것은 무엇인지를 검토한다.

목적은 클라이언트와 그의 상황에 따라 달라지겠지만, 자주 접하는 목적들을 이해하면 사회복지실천과정에 도움이 된다.

2. 목표

목표(objective)는 목적을 세분화하여 특정 사항에 초점을 둔 구체적이고 행동적이며 측정

가능한 방식으로 진술한 것을 말한다. 클라이언트의 문제해결 성공여부가 달려 있는 만큼 매우 중요한 과정이다.

목표설정은 사정과 구체적으로 연결되어 있다. 그 과정에서 목표설정의 의미는 다음과 같다(Hepworth & Larsen, 1993).

> 첫째, 사회복지사와 클라이언트가 달성하고자 하는 목표에 대하여 서로 합의하고 확인하게 해 준다.
> 둘째, 원조과정이 방향성과 지속성을 잃지 않도록 불필요한 혼란을 방지해 준다.
> 셋째, 적절한 개입전략과 개입방법의 개발과 선택을 용이하게 해 준다.
> 넷째, 사회복지사와 클라이언트가 변화의 진전수준을 점검할 수 있게 해 준다.
> 다섯째, 구체적 개입방법과 원조과정의 효과성을 평가하는 데 기준이 된다.

사회복지실천과정에서 일반적 목표와 구체적 목표를 좀 더 알아보면 다음과 같다.

먼저 일반적 목표에서 사회복지사들이 추구해야 할 일반적인 목표 여섯 가지를 미국 사회사업교육협의회(CSWE)는 다음과 같이 제시하고 있다(강선경 외, 2014).

> 첫째, 사회복지실천은 인류의 복지를 증진시키고, 빈곤, 억압, 기타의 사회적 부정의를 경감시켜야 한다.
> 둘째, 사회복지실천은 개인, 가족, 집단, 조직과 지역사회로 하여금 목적을 달성하고 자원을 개발하여 고통을 예방, 경감하도록 함으로써 그들의 사회적 기능을 증진시켜야 한다.
> 셋째, 사회복지실천은 인간의 기본적인 욕구를 충족시키며 인간의 능력을 개발하는 데 도움이 되는 사회정책, 서비스, 자원, 프로그램을 기획, 구성, 실행하는 데 초점을 둔다.
> 넷째, 사회복지사는 사회적, 경제적 정의를 증진시키는 사회활동이나 정치행동과 옹호를 통하여 정책과 서비스와 자원을 추구한다.

다음으로 사회복지실천의 구체적인 목표는 사회복지사가 클라이언트와 함께 목표를 세우는 데 SMART형식을 사용할 수 있는데, 다음과 같다.

첫째, 구체성(Specific)
둘째, 측정가능성(Measurable)
셋째, 성취가능성(Achievable)
넷째, 현실성(Realistic)
다섯째, 시기적절성(Timely)

사회복지실천에서 목표설정은 클라이언트가 원하는 것을 반영하고 수용할 수 있는 것이어야 하며, 사회복지사의 전문성과 가치 및 윤리성에 부합되어야 하고, 기관의 기능범위 내에서 설정되어야 할 것이다.

[표 11-1] 목표설정의 예

일반적 목표	구체적 목표
자존감 향상	· 잘한 일이 있을 때 칭찬하기 · 강점과 긍정적인 면에 관심 기울이기
부모역할기술 향상	· 자녀와 효과적 대화기술 배우기 · 자녀에게 영양식 준비해 주기 · 자녀를 하루 한 번씩 껴안아 주기
부부 의사소통방식 개선	· 부부 상호 간 원하는 것을 표현하기 · 상대방 말에 끼어들지 않고 들어주기 · 긍정적 방식으로 의사전달하기

출처 : 양정남 외(2014).

제2절 계획의 특성

1. 특성

계획의 과정에서 다음과 같은 특성이 있다.

첫째, 클라이언트의 규모에 적응 : 1명의 클라이언트를 상대할 경우는 간편하며 짧은 기간에 이루어질 수 있다. 또한 개입 계획을 세우는 것도 다른 방법과 비교하면 단순하다. 지역사회를 중심으로 상대할 경우는 공공기관과 관련 단체와도 협력 관계를 형성해야 한다. 또한 많은 인력과 시간이 필요하다.

둘째, 정신과 의사 개입의 필요성 : 클라이언트의 심리적 상태가 불안정할 경우 먼저 정신과 의사의 진단을 요청해야 한다.

셋째, 지원체계 점검 : 사례를 위해 사회복지사는 이미 구축된 지원체계를 점검하거나 새로운 지원체계를 구축해야 한다.

넷째, 집단구성 : 집단구성원의 개인적 특성을 반영하여 집단을 구성함으로써 바람직한 집단의 역동성을 기대할 수 있다.

다섯째, 문제나 욕구의 유형별 특성 파악 : 사회복지사는 집단 구성원의 공통욕구를 잘 알고 있어야 한다.

여섯째, 자원봉사자 점검 : 사회복지사는 지역사회 조직화의 초기 단계에서 반드시 필요한 자원봉사자를 조직하고 훈련시켜 활용할 수 있도록 준비해야 한다.

일곱째, 다른 전문가의 도움 : 사회복지실천에서 문제 상황은 다양하기 때문에 이와 관련 있는 공학, 경제학, 의학 같은 분야의 전문가들로부터 도움을 받아야 한다.

제3절 사회복지사의 활동

계획 과정에서 사회복지사가 클라이언트를 돕기 위해 본격적 활동이 이루어지기에 앞서 클라이언트의 중요한 정보를 이해하고 자신의 활동을 알아야 할 것이다.

1. 사회복지사의 임무

사회복지사는 계획에서 목표를 달성하기 위해 일정한 틀 속에서 활동하는 것이 바람직하다. 이 과정에서 사회복지사는 다음과 같은 순서에 맞게 임무를 수행할 수 있어야 한다(최옥채, 2013).

첫째, 클라이언트와 예비 접촉 : 사회복지사는 클라이언트와의 예비 접촉을 통해 클라이언트의 문제나 욕구를 파악하고 사회복지사의 개입 수준을 알린다. 아울러 이 예비 접촉이 반드시 클라이언트와 이루어져야 하는 것은 아니고 상황에 따라 클라이언트의 가족, 동료, 지역사회 주민, 의뢰자들과도 접촉이 가능하다.

둘째, 클라이언트의 상황 파악 : 사회복지사는 클라이언트의 문제 욕구에 관하여 전반적으로 폭넓게 이해하고 있어야 한다. 아울러 클라이언트의 상황 파악에 필요한 주요 항목을 살펴보면 다음과 같다.

① 클라이언트의 특성

성, 나이, 주요활동, 가족관계와 가족 상황, 원인 따위를 들 수 있다. 한편 지역사회의 사회적 · 경제적 · 문화적 · 지리적 특성을 파악해야 한다.

② 문제의 욕구 수준

클라이언트의 유형별 욕구는 다양하다. 그 수준에 따라 서열화하여 초점을 맞추는 것이 바람직하다. 특히 지역사회는 그 주민의 공통된 욕구를 중심으로 서열화한다.

③ 대처 능력

클라이언트의 의지력을 살펴보는 것이 바람직하다.

④ 주변 여건

클라이언트의 주변상황은 대부분 문제에 영향을 미치고 있기 때문에 특히 사회복지사는 이 상황을 반드시 규명해야 한다.

셋째, 필요 자원 파악 : 사회복지사는 클라이언트의 문제욕구를 해결하기 위해 지역사회로부터 수많은 자원을 동원하여 활용한다. 즉, 사회복지사는 자신이 근무하고 있는 기관 이외의 사회복지관련 기관 사회복지사들과 교류를 통해 도움을 주고 받을 수 있어야 한다.

넷째, 기관의 재가 : 사회복지사는 사회복지실천과정에서 관련되는 기관, 정부, 지역사회의 흐름과 경향을 명확히 이해하고 이를 따라야 한다.

다섯째, 클라이언트와 사회복지사의 합의 : 사회복지사가 할 수 있는 일과 클라이언트가 협력해야 할 내용을 토의 · 합의함으로써 양자 간 활동은 결정된다. 이때 사회복지사는 클라이언트의 입장과 의견을 존중하고 클라이언트 스스로 결정할 수 있도록 배려해야 한다.

여섯째, 개입 계획 : 사회복지사의 개입 계획의 중요성은 그 계획의 필요성에 근거하고 있다(최일섭 외, 1999).

- 계획은 미래에 대한 불확실성을 감소시킨다.
- 계획은 문제 해결을 위한 제반 활동에 합리적 기술을 제공한다.
- 계획은 기관이 실시하는 사업에 대한 책임성을 높인다.
- 계획은 참여를 증진시킨다.

사회복지사는 수집된 제반 자료를 토대로 다음과 같은 항목을 포함하는 구체적인 활동 개입 계획을 세울 수 있다.

- 목표
- 일정
- 장소
- 주요 소 프로그램
- 과정
- 평가방법
- 예상

2. 사회복지사의 주요 활동역할

사회복지실천과정의 계획에서 사회복지사는 조사자, 유도자, 계획가의 활동 역할을 하게 된다. 이를 좀 더 살펴보면 다음과 같다.

1) 조사자

계획 단계에서 사회복지사는 클라이언트의 문제나 욕구의 상황과 요구되는 주요 자원을 파악해야 한다. 이 작업은 사회복지사의 조사 활동으로 이루어진다. 조사는 정보 수집에서 현장조사, 면접조사, 문헌조사와 같은 다양한 방법으로 이루어진다. 사회복지사는 좋은 정보를 수집하기 위해 무엇보다도 관련 주변인을 자주 만나고 대화해야 한다.

2) 유도자

사회복지사는 클라이언트와의 문제 욕구 예비 접촉을 통해 주변 관련인들의 개입 참여할 수 있도록 유도해야 한다. 이것은 매우 중요한 역할이라 할 수 있다.

3) 계획가

사회복지실천과정에서 사회복지사의 계획된 활동이므로 계획가로서의 역할은 매우 치밀하게 수행되어야 한다. 따라서 클라이언트의 무한한 문제 욕구와 한정된 자원이라는 여건에서 사회복지사가 효율적 · 효과적으로 개입되는 것은 당연하다.

제4절 계획의 기술과 실제

계획에서 사회복지사가 클라이언트에게 적용하는 주요 기술로는 면접, 조사, 사정, 계획을 들 수 있다. 사회복지사들의 기술 활용 수준을 살펴보면 다음과 같다(최옥채, 2013).

1. 기술

1) 면접

면접은 사회복지실천의 대상자나 참여자들로부터 정보를 수집하는 수준에서 이루어진다. 즉 클라이언트의 문제 욕구를 돕는 상담면접보다는 조사면접의 성격이 더 강하다. 조사면접에는 클라이언트, 가족, 공공기관의 관련 직원, 정책 · 시책의 시행 담당자, 지역사회 주민, 기타 참여자를 대상으로 사회복지사는 개입에 합당한 면접틀을 만들어 면접 대상자들을 만나 정보를 수집하는 동시에 이들과 상호 우호적 관계를 형성해야 한다. 더 나아가 프로그램 활동에 참여 여부를 탐색하고 이들이 적극적으로 참여할 수 있도록 면접 대상자들과 협력관계를 만들어야 한다.

2) 조사

조사는 면접, 관찰, 현장답사, 문헌, 자문 등을 통해 이루어지며, 구체적으로 살펴보면 다음과 같다.

① 면접

사회복지사는 면접 대상자들로부터 정보와 자료를 제공받을 수 있는데, 이는 면접을 통하여 이루어진다.

② 관찰

관찰을 통한 자료수집이다. 사회복지사는 단순히 보는 것으로 그치지 않고 자신의 경험과 지식을 바탕으로 적극적으로 보고 깊이 생각하면서 임해야 한다.

③ 현장답사

사회복지사가 클라이언트의 가정과 지역사회를 직접 현장 방문하여 활동하는 것은 클라이언트를 이해하는 데 매우 유익하다. 특히 지역사회를 상대로 활동하고자 할 때 사회복지사는 해당 지역사회는 물론 인근 지역사회를 방문하여 해당되는 자료를 수집해야 한다.

④ 문헌

사회복지사는 클라이언트의 문제 욕구와 관련 있는 사회복지서비스 이론, 실태, 사례 따위를 정확하게 알고 있으므로 개입방법과 방향을 구체화시키는 데 유리하다.

⑤ 자문

클라이언트의 문제 욕구 상황이 매우 복잡할 때 다른 분야의 전문가들로부터 도움을 받아야 한다.

3) 사정

사회복지사는 조사한 자료와 정보를 토대로 클라이언트의 개입 영역과 수준을 결정해야 한다. 즉 클라이언트의 문제 욕구 해결에 도움을 주기 위해 사회복지사가 개입해야 하는 부분과 그 개입의 정도를 결정하는 과정이다. 그러므로 이때의 사정은 다른 어떤 단계에서보다 중요하므로 신중하고 치밀하게 이루어져야 한다.

참고문헌

강명순 외 부스러기사랑나눔회 지역사회복지사 팀(2008). 빈곤아동 · 가족과 함께하는 찾아가는 사례관리. 학지사.

강선경 외(2014). 사회복지실천의 이해. 양서원.

송성자(2012). 해결지향 사회복지실천 : 강점기반 통합적 접근. 학지사.

양정남 외(2014). 사회복지실천론. 양서원.

최일섭 외(1999). 지역사회복지론. 서울대학교 출판부.

최옥채(2013). 사회복지실천론(3판). 양서원.

Hepworth, D. J. & J. A. Larsen.(1993). Direct Social Work Practice : Theory and Skills(4th ed). Pacific Grove Califomia : Brooks/Cole Publishing Company.

Goldstein, H.(1973). Social Work Practice : A Unitary Approach. Columbia : Univ. of South Carolina Press.

NASW(1999). Code of Ethics of the National Association of Social Workers.

Johnson, L. C. & Yanca. S. J.(2009). Social work practice A generalist approacb(10tb ed). Boston : Allyn & Bacon.

Sheafor, B., Horejsi, C. & Horejsi, G.(1988). 서울복지실천기법과 지침(서울대학교 사회복지실천 연구회 역). 나남출판.

제 12 장

사회복지실천의 개입

제1절 개입의 목표 및 원칙

개입(intervention)은 계획과 목표설정에 의해서 실행하는 사회복지실천의 핵심적이고 실제적인 과정이다.

바커(Barker, 1987)는 개입의 의미를 의사가 사용하는 치료라는 용어와 유사하다고 보았다. 그러나 사회사업가들은 그 용어 사용에서 개입이라는 말을 사용하기를 더 원한다. 그것은 개입이 치료의 의미를 포함함과 동시에 문제의 해결이나 예방 더 나아가 보다 나은 윤택한 사회를 이루기 위한 제반활동을 포괄하고 있기 때문이다. 따라서 개입의 용어는 심리치료, 옹호, 조정, 중재, 사회계획, 지역조직, 자원의 발굴 및 개발 등 기타 다양한 활동들을 포함하는 것이다. 여기에는 마이크로(micro), 메조(mezzo), 매크로(macro) 실천의 광범위한 활동을 포괄하고 있다(장인협 외, 2001).

1. 목표

개입은 개입단계의 초기에 설정된 목표를 달성하기 위해 클라이언트 또는 클라이언트 주변 환경에 변화를 가져오기 위한 개입활동이 수행되는 시기로 실제로 변화를 일으키는 과정이다.

클라이언트는 문제해결 가능성이 있다고 생각할 때만 움직이며 자기만의 다양한 방식으로 접근할 수 있기 때문에 사회복지사는 클라이언트의 가치, 신념체계, 평소 일상생활에서의 대처방법 등을 잘 살펴야 개입의 효과를 볼 수 있다.

개입은 클라이언트의 문제해결을 위해 목표를 달성하려는 일련의 전문적 활동으로서 클라이언트의 기능을 회복시키고 개선시키는 것이 개입의 목표라 할 수 있다. 즉 사회복지사의 개입은 클라이언트가 자신의 문제행동과 상황, 환경과의 관계를 변화시키는 방향으로 노력하도록 원조하는 과정이다(권오균 외, 2011).

개입단계의 목표는 다음과 같다(엄명용 외, 2011).

첫째, 문제해결을 위한 구체적인 변화전략의 수립
둘째, 개입, 원조, 교육, 동기유발, 자원연결, 행동변화 등을 통한 변화의 창출
셋째, 지속적인 점검을 통한 변화 정도의 유지와 평가

또한 설정된 목표달성을 위한 개입활동이 전개되면서 사회복지사는 이러한 활동의 효과 여부를 설정된 목표에 비추어서 계속 평가해야 한다. 개입과 동시에 지속해서 이루어지는 이러한 평가는 개입활동의 타당성, 정확성, 효율성을 검토하는 것으로 이에 근거하여 계획된 개입활동의 지속 혹은 변경 여부가 결정된다.

햄워스와 라슨(Hepworth & Larsen, 1986)은 모니터의 목적을 다음과 같이 제시하였다.

첫째, 모니터의 목적은 개입전략이 의도한 바대로 변화를 일으키는지 아닌지, 효과성을 평가하기 위한 것이다. 만약 개입으로 예상한 효과가 발생하지 않는다면, 사회복지사는 그것의 원인을 찾아내어 제거하거나 다른 대안적인 개입방법을 마련해야 한다.

둘째, 목표달성을 향한 클라이언트의 노력을 평가하여 개입활동의 초점을 지속하고 투입하는 시간의 효율성을 높인다.

셋째, 개입의 진전 상황에 대한 클라이언트의 반응을 평가하여 진전 상황이 미미할 때 흔히 보일 수 있는 클라이언트의 부정적인 태도와 느낌에 즉각적으로 대처함으로써 개입에 저해되는 요인을 사전에 통제할 수 있다.

넷째, 개입의 효과를 지속해서 평가함으로써, 원조과정에 대한 클라이언트의 동기와 자신감을 고양한다.

2. 원칙

사회복지사가 개입을 수행해야 하는 특정한 상황에서 어떠한 행동을 해야 할지 결정할 때 반드시 염두에 두어야 할 원칙들은 다음과 같다(Johnson, 1982).

첫째, 경제성의 원칙 : 선택된 활동은 사회복지사와 클라이언트의 시간과 비용을 최소화할 수 있는 것이어야 한다. 클라이언트가 스스로 할 수 있는 일은 사회복지사가 관여하지 말아야 하며, 도움이 필요한 일에는 요구되는 도움만 제공하고, 클라이언트가 혼자서 할 수 없는 일만 사회복지사가 한다.

둘째, 클라이언트의 자기결정원칙 : 개입의 전 과정을 통해 가능하면 클라이언트가 스스로 의사결정을 하도록 해야 한다.

셋째, 개별화의 원칙 : 도움이 필요한 특정 클라이언트 체계의 특성과 욕구에 맞도록 개입활동을 조정해야 하는데, 클라이언트의 능력과 상황에 맞는 접근이 필요하다.

넷째, 발달적합의 원칙 : 개입의 전체 방향은 클라이언트 체계의 발달적 단계에 적합한 것이어야 한다.

다섯째, 상호의존성의 원칙 : 사회복지사와 클라이언트의 활동은 서로에게 의존하고 있으므로 양측의 활동은 상호보완적이어야 한다. 사회복지사의 활동의 일부는 클라이언트의 활동에 달려 있다. 사회복지사의 개입활동은 클라이언트의 활동과 변화능력을 고려하여 시작한다.

여섯째, 서비스 목표에 초점 두기 : 사회복지사와 클라이언트의 모든 활동은 어떤 식으로든 두 사람이 합의한 계획의 목표에 부합되어야 한다.

제2절 사회복지사의 활동

사회복지사의 역할에는 개별상담, 집단모임 지도, 가족치료 모임 등 선택한 개입방법에 따라 다양한 역할을 수행하게 된다. 또한 클라이언트에게 필요한 도움으로 외부기관과 접촉하는 활동도 한다. 이러한 사회복지사의 개입활동에 있어서 그 성격에 따라 개입 역할을 다음과 같은 다섯 가지로 분류하였다(Compton Galaway, 1989).

첫째, 중개자 역할 : 클라이언트의 원조과정에서 설정한 서비스 목표를 달성하기 위해 가능한 모든 자원을 연결하는 역할이다. 현재 복지관에서 근무하는 사회복지사들이 업무 중에서 중개자역할이 차지하는 비중은 상당히 크다고 할 수 있다. 사회복지사가 지역사회의 자원에 대해 얼마나 정통해 있는가? 그리고 자원연결능력이 얼마나 뛰어난가에 따라 클라이언트에게 제공될 수 있는 서비스는 양적 및 질적인 측면에서 차이가 날 수 있다. 이러한 역할을 위해 사회복지사는 클라이언트에게 도움이 될 수 있는 기관이나 지역사회의 자원에 대해 충분한 지식과 정보를 파악하고 있어야 한다.

둘째, 조력자 역할 : 클라이언트의 설정된 원조목표를 달성하기 위해 그 자신으로 하여금 문제 대처능력이나 자원을 찾아내도록 도와주는 역할이다. 조력자 역할은 클라이언트가 설정된 변화를 스스로 성취하도록 지원하는 것이다.

셋째, 교사의 역할 : 클라이언트에게 문제 욕구 해결에 필요한 정보를 제공하거나 새로운 기술을 습득하도록 지원하고, 사회복지사 자신이 모델링해 보임으로써 클라이언트에게 새로운 행동을 가르치는 역할이다. 교사의 역할은 외부의 자원을 클라이언트 체계 내부로 끌어들이는 것이다.

넷째, 중재자 역할 : 클라이언트와 다른 사람 혹은 클라이언트와 어떤 조직 사이에 존재하는 의견충돌이나 갈등을 조정하여 공동의 합의점을 찾아내도록 하는 역할이다. 이러한 사회복지사의 중재적 개입은 그러한 활동이 설정된 원조목표 달성에 필요한 경우 수행된다.

다섯째, 변호자의 역할 : 사회복지사가 설정된 원조목표 달성을 위해 클라이언트의 입장을 대변하고 변호하는 역할이다. 구체적으로 클라이언트를 위해 논쟁, 주장, 흥정, 타협, 환경조작 등을 이익과 권리를 보호하는 것이다.

제3절 개입의 방법

개입방법은 클라이언트 개인에게 직접적으로 개입해서 변화를 시도하는 직접개입과 클라이언트를 둘러싸고 있는 환경의 변화를 시도하는 간접개입 방법이 있다.

본 장에서는 사회복지실천현장에서 가장 많이 사용되고 있는 직접개입 방법, 간접개입 방법에 대해 간략하게 살펴보면 다음과 같다.

1. 직접적 개입

직접적 개입은 클라이언트의 심리적 · 내적 측면의 욕구나 문제를 해결해 나갈 수 있도록 필요한 대처능력을 향상시키는 데 그 목적이 있다.

클라이언트의 대처능력 향상이란 개인이 갖고 부적절하고 비합리적인 생각, 감정, 행동 등의 변화를 의미하는 것이다. 즉 클라이언트의 문제욕구상황이 어떤 것이든 긍정적 · 효과적인 방법으로 대응할 수 있도록 클라이언트의 감정, 주관적 사실, 사고와 행동 반응양식, 장애가 되는 태도나 대인관계의 왜곡을 수정하려는 것이다.

이와 같이 개인에 대한 개입활동을 직접적 치료방법이라고 하여 심리적 · 내적 측면에 대한 개입을 강조하였다. 개인에 대한 개입활동이 필요한 경우는 문제욕구의 특성에 달려 있으며, 살펴보면 다음과 같다(Hamilton, 1951).

첫째, 문제가 주로 클라이언트의 내적, 주관적 원인에서 비롯된 경우
둘째, 대인관계에 문제가 있는 경우
셋째, 문제의 초점이 애매하여 문제해결에 어려움이 있는 경우

넷째, 위기상황에 처하여 감정이 복잡하고 갈등을 겪고 있는 경우
다섯째, 자원을 이용할 수 있는 클라이언트의 능력이 손상된 경우

그러므로 개인에 대한 개입활동은 다음과 같은 범주에 속한다(엄명용 외, 2011).

첫째, 클라이언트의 사회적 기능을 지원하는 활동
둘째, 클라이언트와 다른 사람의 사회적 기능을 조정하기 위해 취하는 활동
셋째, 관계를 발전시키기 위한 활동
넷째, 상황 속의 개인에 대한 이해를 가능하게 하기 위한 활동
다섯째, 문제 상황을 분석하고 대안을 마련할 수 있게 하는 활동
여섯째, 계획과정에 필요한 활동
일곱째, 클라이언트로 하여금 가능한 자원을 인식하고 이용할 수 있게 해주는 활동
여덟째, 위기상황에서 필요한 활동

직접적 개입은 주로 면담기술에 기초한 개별상담이나 개별지도, 집단지도, 가족치료 등의 방법에 의해서 제공된다.

- 직접적 개입방법 : 실존 모델, 행동 모델, 가족치료 모델, 심리사회적 모델, 정신분석, 클라이언트 중심의 형태치료, 놀이치료, 의사거래분석, 현실치료, 심리극 등

2. 간접적 개입

간접적 개입은 사회복지사가 목표달성을 위해 개인에 대한 변화만으로 부족할 때 클라이언트를 둘러싸고 있는 양육환경이나 유지환경, 즉 가족이나 집단을 포함한 광범위한 체계에 문제의 근원이 있거나 이러한 체계들에 변화를 일으키는 행동을 말한다.

개인의 어려운 문제를 다룰 때 문제발생에 영향을 미치는 환경을 무시하는 것은 효과적인 접근이라고 보기 어렵다. 복잡하고 민감한 표적체계에 대해 개입하기 위해 사회복지사는 클라이언트의 문제욕구나 사회복지사에 저항적인 잠재적 자원을 발견하며, 증거제공, 홍보, 교섭, 조직, 시위운동, 합법적 행동을 취하는 것, 정책개발에 영향을 미치는 것과 같은 정책기술 등을 활용한다.

간접적 개입의 영역에서 중요한 것은 지원서비스다. 예를 들면, 빈곤가정에 대한 재정적 지원서비스, 의료지원 서비스, 보육 서비스, 학대 받는 아동을 위한 쉼터 보호, 학교 및 직장 내 폭력 방지를 위한 상담이나 스트레스 관리 프로그램, 사회적 약자인 아동, 노인, 장애인에 대한 권리 변호활동 등은 클라이언트에 대해 간접적인 원조를 제공하는 개입이다. 이렇게 클라이언트의 변화를 위한 사회복지사의 환경에 대한 개입활동은 주로 서비스 조정과 관련된 활동, 프로그램 계획과 개발을 위한 활동, 환경조작, 옹호활동이라 할 수 있다. 간접적 개입은 행정, 사회계획, 정책, 평가의 방법이 활용된다.

- 간접적 개입 방법 : 지역사회조직, 재정 및 인력관리, 정책분석, 프로그램 평가, 사회행동

제4절 개입의 기술 및 기법

개입에서 클라이언트에게 필요한 기술과 기법은 문제탐색, 자료수집과 평가단계 등을 포함한 원조의 전체 과정에 공통으로 필요한 것에서부터 이 단계에서만 활용할 수 있는 것에 이르기까지 다양하다. 의사교환 기술이 전자에 속하는 대표적인 기술이라면, 클라이언트 행동의 변화를 위한 기법, 클라이언트를 둘러싼 관계체계의 변화를 위한 기법 등은 후자에 해당한다고 볼 수 있다.

개입기술과 기법을 추구하려는 변화의 내용에 따라서 구분하여 정리할 수 있다.

이것은 다양한 기법의 특성을 강조하는 것이지, 실제 개입에서 그 기법들이 각기 상호 배타적으로 구별, 사용되는 것은 아니다. 오히려 서로 기법들이 혼합되어 활용되는 것이다.

사회복지사가 클라이언트의 문제 욕구와 관련하여 변화목표를 설정하면, 이 변화목표를 위한 가장 적합한 개입을 선택하여 문제 욕구 해결을 시도한다. 변화목표를 위한 기법은 기법의 특성에 따라 다음과 같이 나누어 살펴볼 수 있다(박주현 외, 2014).

첫째, 사회복지사와 클라이언트 간의 의사소통 기법
둘째, 행동수정과 새로운 행동학습을 위한 개입기법
셋째, 대인관계의 개선과 갈등해결을 위한 개입기법

1. 사회복지사와 클라이언트 간의 의사소통기법

사회복지사들이 이론적 정향에 관계없이 필수적으로 습득해야 되는 의사소통기법이다. 의사소통기법이란 사회복지사가 클라이언트와 변화유도를 위한 메시지를 담은 대화를 나누는 것을 의미한다. 의사소통을 통해 의도하는 변화의 목적은 클라이언트의 문제 해결능력을 향상시키는 것으로 이를 위해 구체적으로 클라이언트를 다음과 같이 살펴볼 수 있다.

첫째, 정서적 안정 : 클라이언트의 낙담, 좌절, 의기소침과 무력감, 자신감 결여 등의 심적 상태를 건강하고 자신감 있는 상태로 회복시키고 불안, 분노, 죄의식 등의 불합리하고 불건전한 정서를 해결하도록 도와 자아기능을 회복시킨다.

둘째, 인지구조의 변화 : 클라이언트의 왜곡되거나 부정적인 사고구조를 변화시켜 자신과 상황을 좀 더 현실적으로 인식하도록 돕는 것이다.

셋째, 클라이언트의 상황인식 능력 향상 : 클라이언트 자신의 정서상태와 인지구조 및 행동, 문제와 이를 둘러싼 상황, 동원 가능한 자원에 대한 클라이언트의 통찰력을 높인다.

이러한 목적을 달성하기 위한 의사소통기술은 다음과 같이 나누어 볼 수 있다(Compton & Galaway, 1989).

1) 클라이언트의 통찰력과 자아인식의 향상을 위한 기법

사회복지사가 클라이언트 자신, 주변의 관련된 사람들의 행동과 문제 그리고 그를 둘러싼 상황에 대해 클라이언트의 통찰력과 인식력을 향상시키기 위해 활용하는 의사소통기법을 의미한다. 아울러 이 기법은 클라이언트 자신의 행동에 대한 인식력 향상은 물론, 문제를 유발하는 행동에 대한 이해가 필요한 클라이언트에게 활용된다. 여기에 속하는 기법들은 언어의 재구성, 명료화, 성찰, 인지상황에 대한 점검, 초점화, 요약, 해석, 정보 제공, 직면 등이 있다.

① 인지상황에 대한 점검과 초점화

인지상황에 대한 점검이란 클라이언트가 방금 표현한 것을 클라이언트 본인이 분명하게 인식, 이해하고 있는지를 점검하는 기법이다. 여기서 초점화란 클라이언트의 표현이 혼돈되거나 산만하고 내용이 불분명할 때 클라이언트의 논의 속에 감추어진 선입견, 가정, 혼란된 개념 등이 드러나도록 도와주는 기법이다.

② **정보 제공**

정보 제공이란 클라이언트가 어떠한 결정을 내리고 과제를 수행하는 데 필요한 정보를 제공하는 기법이다. 정보 제공에서 중요한 것은 제공되는 정보를 활용할 것인지의 여부는 클라이언트의 본인 자유의사에 달렸다는 것을 클라이언트가 느끼도록 분위기를 조성하는 것이다. 슐만(Shulman, 1981)은 자료 제공이라는 용어를 사용하였다.

③ 직면

직면 혹은 도전은 사회복지사에 의해 주도되는 것으로, 변화의 방해요소에 대한 사회복지사의 전문적인 판단에 근거하여 활용된다. 흔히 이러한 기법은 클라이언트가 자신의 문제의 존재와 문제내용에 대해 회피, 부정, 합리화, 왜곡 등을 하거나 자신의 행동의 결과에 대해 인식하기를 거부할 때, 말과 행동 간의 모순과 불일치, 문제 수정을 거부하거나 중요한 쟁점을 회피할 때 많이 활용된다. 이 기법이 의도하는 바는 클라이언트를 돕기 위한 것이지, 그를 판단하거나 벌주는 것이 아니다. 따라서 이 기법을 적용할 때는 클라이언트의 기분과 이해 정도를 충분히 고려해야 한다. 특히 화가 났거나 좌절한 클라이언트에게는 절대로 적용해서는 안 된다.

이건(Egan, 1975)은 도전이라는 용어를 선호하였다.

④ **재명명**

재명명(retraming)은 다른 사람의 행동을 바라보는 클라이언트의 관점을 변화시키고 좀 더 긍정적인 시각을 가지도록 하기 위한 기법이다. 재명명이란 어떠한 행동과 사건에 대해 클라이언트가 부여하는 의미를 새롭게 수정해 줌으로써 클라이언트가 상황을 좀 더 긍정적으로 보도록 하는 것이다. 따라서 재명명 기법은 궁극적으로 대인관계에서 서로 간의 이해를 높이고 상호 긍정적인 느낌을 개발하는 것을 주요 목표로 활용될 수 있다.

쉐퍼 등(Sheator et al., 1998)은 부부나 가족관계에서 어려움에 직면한 클라이언트에게 매우 효과적이라 하였다.

2) 정서적 안정과 자신감 회복을 위한 지지적 기법

클라이언트의 불안, 자기비하감, 자신에 대한 불신 등의 감정을 제거하기 위한 목적으로 사회복지사가 확신하는 클라이언트의 장점과 능력을 직접적인 표현을 통해 인정하여 주는 것이다. 또한, 클라이언트의 불안을 야기하는 외부적 상황을 사회복지사가 클라이언트와는 다르게 덜 위협적인 것으로 확신하는 것을 보여 줌으로써 클라이언트의 불안과 긴장을 완화시키는 기법이다. 따라서 이 기법에서 중요한 것은 클라이언트를 도우려는 사회복지사의 선의와 지식이며, 이에 대한 클라이언트의 믿음이다. 여기에는 격려, 재보증, 일반화, 환기 등과 같은 의사소통기법이 있다.

① 격려

격려는 클라이언트의 행동, 태도, 감정을 칭찬하거나 인정해 주는 언어적 표현 방식으로 이루어진다. 이 기법은 특히 클라이언트 자신들의 문제를 해결할 능력과 자질, 지식을 보유하고 있어 그들의 문제 해결능력과 동기를 최대화시키는 방법으로 매우 효과적이다(Compton & Galaway, 1989). 또한, 어려운 과제를 목전에 두고 자신감이 부족한 클라이언트에게도 유효한 기법이다(Woods & Holils, 2000).

격려는 성찰, 환기, 재보증, 클라이언트에 대한 신뢰감의 표명 등과 같은 여러 다른 기법과 병행해서 활용할 수 있다.

사회복지사는 클라이언트의 기분과 생각, 행동을 존중하는 반응을 보여 주어야 한다.

② 재보증

재보증이란 클라이언트의 능력에 대해 사회복지사가 신뢰를 표현함으로써 클라이언트의 자신감을 키우는 기법이다. 재보증 기법은 실제로는 현실적이며 건전하고, 사회적으로 수용될 수 있는 결정과 사고방식, 느낌이 있음에도 자신을 믿지 못하는 클라이언트에게 효과적으로 활용된다.

이 기법에서 사회복지사는 치밀한 주의가 필요하다. 즉, 사회복지사가 관계를 형성하기 위하여 이 기법을 남용하면 어떤 문제가 생길까? 또한 클라이언트가 보이는 지나친 근심이나 의기소침을 사회복지사 자신이 견디지 못해 이 기법을 남용하면 어떤 문제가 생길까? 이럴 때 클라이언트는 사회복지사에 대한 불신을 일으킨다.

③ 일반화

일반화란 클라이언트의 생각, 느낌, 행동 등이 그와 비슷한 상황에 놓인 다른 사람과 같거나 거의 비슷하다고 말해줌으로써, 클라이언트가 다른 사람에 대해 가질 수 있는 이질감, 일탈감, 소외감 등을 상쇄시켜 준다. 그리하여 클라이언트 자신에 대한 신뢰감과 자신감을 회복시키기 위해 활용되는 기법이다.

④ 환기법

환기법이란 클라이언트의 문제와 상황과 관련된 감정을 클라이언트로 하여금 표출하도록 하는 기법이다. 클라이언트는 대부분 문제와 관련되어 다양한 감정을 경험하게 되는데 어떤 경우에 이러한 감정이 제대로 표출되지 않거나 혹은 강하게 억압되어 그것 자체가 문제이거나 혹은 문제 해결을 방해하는 경우가 있다. 분노, 증오, 슬픔, 죄의식, 불안 등의 감정이 주로 억압되는 정서다.

사회복지사가 클라이언트의 미처 의식되지 못하거나 혹은 억압하려는 이러한 감정들을 인식하고 자유롭게 표출하도록 격려함으로써 감정의 강도로 완화시키거나 정서적 분출을 바람직한 방향으로 유도하는 데 이 기법이 유용하다.

3) 문제 해결을 위한 지시적 의사소통 기법

지시적 의사소통이란 사회복지사가 클라이언트에게 그가 취해야 할 행동을 조언하거나 클라이언트가 미처 생각지 못한 다른 여러 가지 대안을 제시하거나 대안 중의 하나를 추천하는 기법을 의미한다.

지시적 기법은 사회복지사의 우월적 위치에 대한 비판이 제기되면서 이 기법을 극히 자제하는 경향이 강하게 대두되었다.

최근 클라이언트가 무엇인가 구체적인 방법을 사회복지사로부터 기대하는 것이 밝혀지면서 이 기법의 유용성이 다시금 거론하는 추세이다.

지시적 의사소통은 지시의 강도에 따라 가장 강한 것이 "지시"이다. 한편 지시적 기법의 좀 더 완곡한 형태로 정보 제공과 조언이 있다. 구체적으로 정보제공과 조언은 클라이언트 자신과 다른 사람, 인간관계, 문제 해결에 필요한 자원체계를 중심으로 이루어지고 있다.

2. 행동수정과 새로운 행동학습을 위한 개입기법

클라이언트의 문제욕구행동을 수정하거나 새로운 행동학습이 개입목표로 설정될 때는 행동수정 이론에서 도출된 여러 가지 기법이 매우 효과적으로 적용될 수 있다. 특히 행동기법은 아동의 문제 행동에 매우 효과가 큰 것으로 알려져 있다.

사회복지사는 특정의 표적행동을 강화 혹은 증가시키거나 반대로 약화 혹은 감소시키기 위한 목적으로 행동 기법을 적용하게 된다. 개입의 초점이 되는 표적행동은 평가과정에서 명확하게 규정되고, 측정이 가능하도록 정의된 행동을 의미한다. 행동의 강화나 약화는 행동의 빈도, 강도, 지속성 등의 측면을 모두 포함한다.

행동수정과 새로운 행동학습을 위한 기법을 살펴보면 다음과 같다(박주현 외, 2014).

1) 강화와 처벌

강화와 처벌 기법은 조작적 행동학습 이론을 기초로 한 기법이다. 강화란 행동에 대해 긍정적인 보상을 줌으로써 행동을 학습시킨다.

강화기법으로는 적극적 강화와 소극적 강화가 있다.

- 적극적(positive) 강화 : 유지시키고자 하는 행동을 보였을 때 행동자가 원하는 혹은 좋아하는 강화물을 제공한다. 즉, 칭찬이나 상품이다.
- 소극적(negative) 강화 : 행동자가 원치 않거나 싫어하는 것을 제거해 주는 것을 말한다. 즉, 면제이다.

강화와 관련된 기법으로 소거가 있다. 소거란 문제행동을 증가 혹은 유지하게 했던 강화물을 제거시킴으로써 행동이 계속되는 것을 막는 기법이다.

행동을 변화시키기 위한 기법으로서 처벌은 표적 행동을 제거하거나 그 강도를 감소시키기 위해 클라이언트가 표적행동을 행할 시에 고통스럽고 불쾌한 자극을 주는 기법이다. 이 기법은 윤리적, 법적, 서비스 효과 등의 이유로 인해 사회복지사에게 권장되지 않으며 기관에 따라서는 엄격히 금지되기도 한다.

처벌기법 활용을 제한하는 구체적인 이유는 다음과 같다(Sheafor, Horejsi,& Horejsi, 1998).

- 처벌로 말미암은 효과는 매우 단기적이어서 처벌이 없어지면 표적행동이 재현되는 경우가 대부분이다.
- 사회복지사가 처벌적 개입을 하면 이러한 행동이 클라이언트에게 부정적인 행동모델이 된다.
- 특히 화가 났거나 좌절한 클라이언트에게 처벌기법을 적용할 경우 매우 위험한 결과를 유발한다.
- 처벌은 클라이언트의 바람직한 행동을 오히려 억압하기 쉽고, 클라이언트에게 두려움을 주어 적절하게 반응하는 것을 방해한다.
- 잘못되면 처벌기법 때문에 사회복지사가 민·형사상의 법적 고소를 당하게 된다.

2) 행동연쇄

행동연쇄는 서로 연결된 단위행동은 각각 선행된 단위행동에 대해 일종의 강화물로 작용함으로써, 하나의 완성된 행동을 배워 나간다는 것이다.

3) 용암법

용암법은 대인관계에 미숙한 클라이언트에게 대화법을 학습시키고자 할 때 우선은 사회복지사와의 관계에서 대화법을 익힌 후에 점차 다른 상황의 대인관계에까지 확대시켜 나가는 방법이 바로 용암법을 활용한 행동학습이다. 즉, 클라이언트의 특정 행동이 다른 상황에서도 발생할 수 있도록 그 상황을 점차적으로 변경하는 방법이다.

4) 모방

모방(modeling)은 다른 사람이 하는 행동을 보고 그대로 따라 하는 방법을 의미한다. 클라이언트에게 이 기법을 적용하여 의도하는 행동을 학습시키기 위해 비디오테이프 같은 자료를 활용하기도 한다.

5) 타임아웃

타임아웃(time-out)은 문제행동이 어떠한 상황으로 말미암아 강화될 때, 행위자를 상황으로부터 격리하는 방법이다.

3. 대인관계의 개선과 갈등해결을 위한 개입기법

대인관계에서 갈등과 의견대립은 사회복지사가 가장 흔히 접하게 되는 문제 중의 하나이다. 클라이언트 문제에서 많은 부분이 대인관계를 원만하게 맺을 수 있는 기술이 부족하거나 상대방에 대한 이해가 부족한 데서 오는 경우가 많다. 따라서 갈등해소와 관계기술 향상을 위한 개입은 사회복지사의 주요 개입목표들 중의 하나이다. 또한 사회복지사는 클라이언트의 표면화된 문제와 본질적인 문제를 바로 인식할 줄 알아야 하며 그렇지 못할 때 진정한 문제 해결이란 있을 수 없음을 알아야 할 것이다.

대입관계문제 개입을 위해 사회복지사가 개입에서 명심해야 할 원칙은 다음과 같다(박주현 외, 2014).

첫째, 관련된 모든 사람의 견해와 감정을 인정하며 어느 쪽의 편도 들지 말고 공정해야 한다.
둘째, 모든 사람에게 상대방을 인정하고 경청하며 서로 다른 견해와 욕구를 이해할 것을 요구하고 위협, 비난, 공격 등의 행동을 삼가도록 이끈다.
셋째, 각자가 발언하기 전에 '내가 진정으로 문제가 해결되기를 원하는가, 내가 진정 진실만을 얘기하는가, 내가 지금 문제와 관련된 적절한 말을 하고 있는가, 내가 과연 서로를 위해 바람직한 것을 말하고 있는가.'에 대해 자문해 보도록 권한다.
넷째, 모두가 문제와 쟁점에 대해 분명하게 확인하고 규정하도록 이끈다.
다섯째, 각자의 관점, 욕구, 관심을 표현할 수 있도록 반응, 명료화, 부연, 요약 등의 기법을 적용한다.
여섯째, 모두가 이해하고 동의하는 문제가 확인된 후에는 이 문제의 해결을 위한 방법에 대해 각자가 자유로이 토론하도록 한다. 이러한 방법을 통해 모두에게 도움이 될 수 있는 해결책을 찾도록 한다.
일곱째, 도움의 전 과정을 통해 각자가 분노를 통제하고 다른 사람에 대한 이해를 높이고, 자신의 욕구와 관심을 솔직하게 표현하도록 이끌어야 한다.

대인관계의 기술을 향상시키고, 다른 사람에 대한 이해를 향상시키기 위한 행동 기법으로는 다음과 같다.

1) 행동연습

행동연습은 클라이언트가 특정의 상황에 놓이게 될 때, 그 상황에 맞추어 다른 사람과의 상호작용에서 적절한 행동을 할 수 있도록 미리 준비하여 연습시키는 기법이다. 이러한 기법을 통하여 직면할 상황에 대한 클라이언트의 두려움을 없애고, 상황에 적절히 대응할 수 있는 자신감을 향상하는 효과를 본다.

행동연습은 역할극의 형태를 띠며 사회복지사의 직접적인 행동시범과 지시로 구성된다. 클라이언트는 역할극이라는 가상의 상황에서 상황에 대처하는 새로운 행동을 시도해 보는 것이다. 행동연습 기법의 과정은 일반적으로 다음의 순서에 따라 이루어진다.

첫째, 클라이언트가 문제를 설명하고 그러한 상황에서 그가 흔히 하는 행동양식을 보여 준다.
둘째, 사회복지사는 좀 더 효과적으로 상황에 임하는 방법을 제시한다.
셋째, 처음에 사회복지사는 역할극을 통해 자신이 클라이언트의 역을 맡아 클라이언트에게 제시한 행동을 보여준다. 다음에 클라이언트가 제시된 행동을 이해하고 준비된 후에는 자신이 그 행동을 수행한다.
넷째, 역할극이 시행된 후 사회복지사는 역할 연습의 효과에 대해 설명해 준다.
다섯째, 클라이언트가 어떻게 행동할 것인지를 명확히 이해하고 난 후에는 행동을 반복 연습하여 익숙하게 하는 과정이 필요하다.
여섯째, 사회복지사와의 역할극을 통해 습득한 행동을 면접이 끝난 후에 계속 연습하도록 과제를 준다.

행동연습이 효과적이기 위해서 사회복지사는 클라이언트가 직면하게 될 실제 상황의 모든 측면에 충분히 고려를 해야만 한다.

2) 역할교환

역할교환이란 주변의 중요한 사람들의 행동이나 감정에 대한 이해를 높이는 데 매우 효과적인 기법으로, 클라이언트가 다른 사람의 처지에서 상황을 바라보고 의견을 말하게 하는 방법이다. 이 역할교환은 특히 구성원 간의 갈등이 문제인 가족을 대상으로 면접을 시행할 때 활용하기에 적당하다.

역할교환을 통해 서로에 대한 이해를 높일 수 있다. 이 기법을 활용하기에 가장 적절한 시점은 양자의 갈등의 골이 더 이상의 탈출구가 없을 정도로 막다른 상황에 놓였을 때나 서로의 견해를 완강히 고집하여 변화의 여지가 없을 때이다.

구체적인 활용방법은 다음과 같다(Johnson, 1998).

첫째, 사회복지사는 클라이언트의 문제와 관련된 사람들을 확인한다.

둘째, 사람이 확인되면 사회복지사는 클라이언트로 하여금 확인된 사람의 입장과 태도를 취해 보도록 이끈다.

셋째, 클라이언트로 하여금 본래 자신과 다른 사람의 처지 사이를 번갈아가며 역할을 하도록 하는 것이 효과적이다. 또한 문제관련자로 확인된 다른 사람이 클라이언트가 행하는 역할을 관찰하여 잘못된 곳을 수정하도록 한다면, 다른 사람에 대한 클라이언트의 이해도와 정확도를 극대화할 수 있다.

3) 가족조각 기법

가족조각 기법은 공간을 이용하여 가족 구성을 다양한 신체적 자세로 배열시킴으로써 가족구조를 시각적으로 묘사하는 기법이다. 즉, 이 가족조각 기법은 가족갈등의 형태를 공간 속에 행동적인 형태로 드러내는 것이다. 가족 간의 애정, 정서적 관계, 갈등 등은 말로 표현하기 매우 어려운 경우가 많다. 그러나 가족조각 기법은 가족구조나 관계 등에 대한 구성원들의 견해를 시각적으로 쉽게 표출할 수 있는 방법이다. 이를 통해 사회복지사를 포함한 가족구성원 전원이 가족문제와 상황에 대한 이해를 더 쉽게 할 수 있다(조흥식 외, 2009).

조각기법은 치료적 목적뿐만 아니라 진단적 도구로도 활용할 수 있다. 가족조각 기법은 가족 구성원 중의 한 명이 대화를 독점하여 다른 구성원들이 자신들이 느낌과 견해를 피력할 기회가 없을 경우나, 언어적 표현에 익숙지 않거나 불편해하는 클라이언트 집단에 매우 효과적이다. 또한 가족조각 기법의 장점으로는 가족구성원들이 감정을 폭발시키거나 말로 힘들게 표현하지 않고도 가족문제에 대한 자신이 견해를 솔직하게 드러낼 수 있게 하는 것이다.

참고문헌

강용규(2011). 사회복지개론. 공동체.

권오균 외(2011). 사회복지실천론. 공동체.

박주현 외(2014). 사회복지실천론. 창지사.

엄명용 외(2011). 사회복지실천의 이해(3판). 학지사.

조흥식 외(2009). 사회복지실천론(개정3판). 나남출판.

장인협 외(2001). 케어 · 케어스매니지먼트. 서울대학교 출판부.

Compton, B. R. & Galaway, B.(1998). Social Work Processes(4th eds). Belmont : Wadsworth Publishing Company.

Hamilton, G.(1951). Theory and Practice of Social Case Work(2nd eds). New York : Columbia : Univ. Press.

Hepworth, D. J. & Larsen, J. A.(1986). Direct Social Work Practice : Theory and Skills. Chicago : Dorsey.

Kirst-Ashman, K. K.(2003). Introduction to Social Work and Social Welfare : Critical Thinking Perspectives. CA : Thomson.

Johnson, H. W.(1982). The Social Services an Introduction, Itasca, Ⅲ. : F.E. Peacock Publishers, Inc.

Johnson, L. C.(1998). Social Work Practice A Generalist Approacb(2nd ed). Needham Heights, MA : Allyn & Bacon.

Sheafor, B., Horejsi, C. & Horejsi, G.(1998). 서울복지실천기법과 지침(서울대학교 사회복지실천연구회 역). 나남출판.

Wood. M. E. & Holis, F.(2000). Casework : A Psychosocial Therapy(5th ed). N.Y. : McGraw-Hill.

제 13 장

사회복지실천 평가 및 종결

제1절 평가의 개념 및 목적

평가(evaluation)는 사회복지실천 개입의 과정과 결과를 조사기법을 통해 사정하는 것을 말한다. 즉, 여기에는 의도했던 결과가 달성되었는가 하는 평가와 목표달성이 개입의 결과로 인한 것인지 여부에 대한 평가가 포함된다(양옥경, 2005).

평가를 통해 사회복지사와 클라이언트는 자신들이 의도한 대로 서비스 계획을 이행했는가와 목표가 성취되었는가에 대한 평가한 후 문제와 목표 및 서비스 계획 등을 수정할 수 있다.

사회복지실천에서 '평가'는 기관의 계획이나 정책 혹은 프로그램에 전반적으로 적용될 수 있다. 평가의 개념을 크게 다음과 같이 세 가지로 나누어 살펴볼 수 있다(이영실 외, 2011).

첫째, 광의적 차원으로 사회복지실천 평가란 사회복지실천 활동이 얼마나 효과적이었는지, 효율적이었는지를 판단한다.

둘째, 협의적 차원으로 사회복지실천 평가란 사회복지사의 개입 노력을 사정하는 것을 말하며, 개인, 가족, 집단, 지역사회 대상으로 실시한 개입이 변화를 일으켰는지, 어느 정도의 변화가 생겼는지를 사정하는 것이다.

셋째, 프로그램 평가로서, 이것은 실천적 조사연구의 한 유형으로서 사회복지서비스가 필요한지, 서비스가 계획한 대로 수행되었는지, 서비스가 목적한 대로 클라이언트의 욕구나 문제에 효과적이었는지를 평가하는 것이다.

사회복지실천 평가는 사회복지실천의 과학성과 전문성을 강화해 주고 클라이언트에 대한 책임성을 높여 준다는 면에서 매우 중요한 의미를 가지게 된다.

여기서 가령 사회복지실천의 결과를 놓고 볼 때 그것이 바람직한 것으로 판명되었다면 그 과정에서 사용된 방법과 투입된 에너지의 양을 계속적으로 사용하고 발전시켜나가게 될 것이며, 이와 반대의 경우에는 그러한 방법과 에너지의 투입을 중지하거나 변경하지 않으면 안 되는 것이다. 이러한 노력은 곧 클라이언트에 대한 사회복지사의 책임성을 보다 강조 확대하는 결과를 가져오게 된다.

사회복지실천에서 평가는 다음과 같은 중요한 특성을 가지고 있다(사회복지교육연구센터, 2010).

① 사회복지실천의 효과성 측정으로써, 평가의 일차적 목적은 목표를 달성했는지 측정하는 것이다. 그리고 원래 계획했던 대로 서비스를 제공해서 결과에 도달했는지, 즉 목표의 달성 여부를 사회복지실천이 얼마나 효과적이었는가를 측정한다.
② 사회복지실천의 효율성 측정으로써 동일한 비용으로 높은 효과를 내었을 때 효율성은 증가하기 때문에 평가과정을 통해 실천의 효율성을 측정할 수 있다.
③ 자원사용에 대한 책임성 입증으로써 재정적인 지원이나 지역사회의 승인이 필요할 때에 이에 대한 근거를 제시하는 계획안이 된다.
④ 클라이언트에 대한 책임성 이행으로써 사례의 진행 정도에 대해 사회복지사 자신뿐만 아니라 지역사회와 클라이언트에게 알려줄 책임을 이행할 수 있다.
⑤ 실천과정에 대한 점검으로써 클라이언트는 어떻게 반응하고 있는지 계획했던 변화가 일어나고 있는지 등 변화과정에 대한 점검을 할 수 있다.
⑥ 사회복지사가 실천내용에 대해 점검하고 평가함으로써 반성할 기회를 갖고 새로운 활동에 반영한다. 이를 통해 특정 문제나 클라이언트에게 효과적인 개입방법을 적용하게 되어 효과적인 개입을 가능하게 하며 사회복지사의 능력을 향상할 수 있다.

평가의 목적은 사회복지사와 클라이언트가 바라는 바가 실제로 이루어졌는지를 알아내는 것이다. 따라서 프로그램 평가가 어떠한 목적을 갖는지를 살펴보면 다음과 같다(이익섭 외, 2004).

첫째, 프로그램의 궁극적인 성공
둘째, 어떻게 프로그램을 수행할 것인지에 관한 문제점
셋째, 프로그램 계획과 개발에 필요한 정보

넷째, 투입요소의 적절성 및 노력의 양 사정

이러한 프로그램 평가의 방법과 목표는 상호배타적인 것이 아니라 상호보완적이다. 프로그램 평가는 사회적 개입, 휴먼서비스 프로그램의 개념화, 설계, 기획, 관리행정, 실행, 효과, 효율 및 활용에 대한 이해와 증진을 목적으로 하는 연구로, 이러한 목적을 위해서 프로그램 평가는 탐구적 학문, 설문조사, 참여연구 등과 같은 다양한 연구설계 및 방법에 체계적으로 활용된다.

한편, 프로그램을 평가하기 전에 몇 가지 고려할 것이 있는데 이를 살펴보면 다음과 같이 나타난다(황성동, 2006).

[표 13-1] 프로그램 평가 시 사전 고려사항

· 프로그램 평가에 얼마나 많은 시간이 제공되는가?
  : 정교한 평가
· 어떤 자원이 있는가?
  : 활용 가능한 직원, 재원에 따라 프로그램 평가의 구성과 진행이 달라질 수 있다.
· 평가 보고서를 읽을 사람은 누구인가?
  : 클라이언트, 일반대중, 조사연구자냐에 따라 준비와 작성법도 다르게 결정된다.
· 평가의 목적이 무엇인가?
  : 평가를 통해 무엇을 얻고자 하는가에 따라 평가의 기획과 진행이 달라진다.

출처 : 권오균 외(2011).

프로그램의 평가의 설계는 목적, 시간, 자원 그리고 보고서, 제출기관 등을 동시에 고려하여 신중하게 결정해야 한다.

제2절 평가의 유형 및 기법

평가목적에 따라 총괄평가, 형성평가, 통합평가로 구분할 수 있다. 또한 평가차원에 따라서도 성과평가, 과정평가, 사회복지사평가로 분류할 수 있다(최덕경 외, 2013).

1. 평가목적에 따른 분류

① **총괄평가**(summative evaluation) : **연역적 방법**

총괄평가는 클라이언트의 과정활동이 종결되었을 때, 그 활동으로 산출된 결과 성과와 효율성에 대하여 종합적인 가치판단을 하는 것이다. 사회복지실천에서 개입이 종결되었을 때 효과성과 관련하여 요인을 분석하는 것을 말한다.

총괄평가는 형성평가와 대조된다. 개입목표를 얼마나 잘 성취했는지를 평가하는 것으로 개입방법의 효율성과 효과성을 평가한다.

총괄평가의 단계 및 고려해야 할 요소에서는 기관의 사명, 프로그램 목표달성 여부 결정방법, 평가자료 활용방법 등이다.

② **형성평가**(formative evaluation) : **귀납적 방법**

형성평가는 개입과정에 대한 평가이다. 사회복지실천과정에 초점을 두고, 주기적으로 진전 상황을 평가한다. 활동의 진행과정에서 부분적으로 수정 · 개선 · 보완하는 데 필요한 정보를 얻기 위하여 실시하는 평가활동인데, 이는 사회복지실천에서 원조과정 동안 실시되는 사정과 관련된다.

사회복지사가 실천과정을 검토하도록 하고 필요한 경우에 개입계획을 수정할 수 있도록 한다. 형성평가는 사회복지실천과정의 점검이라고 할 수 있다. 즉, 형성평가는 보편적으로 프로그램 운영에 문제가 되는 사항은 무엇이며, 문제에 관심을 가진 사람은 누구인가? 필요한 정보는 어떤 방법과 경로로 수집하는가? 수집된 정보의 질은 어떤 수준인가? 정보수집 그리고 보고자는 누구인가? 네 가지 단계를 거쳐서 진행된다(이종환, 2011).

③ **통합평가**

총괄평가와 형성평가를 통합한 평가이다. 단일사례연구를 통합평가로 보기도 하고 과정평가나 총괄평가의 변형으로 보기도 한다.

2. 평가차원에 따른 분류

① **성과평가**(outcome)

성과평가는 목표에 비추어 성취된 결과를 평가하는 것이다. 측정도구가 없다면 클라이언트의 관점과 생각을 사회복지사의 생각과 비교하기 위해 상담이나 질문지를 사용할 수 있다. 전체과정을 평가하기 위해 각 과정에서 달성한 목표를 클라이언트의 관점에서 도출해야 한다.

② **과정평가**(process)

과정평가는 사회복지실천과정을 분석하기 위한 것으로 성과평가에서 잊기 쉬운 프로그램의 준비, 진행, 종결과정에서 환경적인 요인과 관련성을 프로그램의 과정에 따라 분석하는 기법이다. 과정평가에서 중요한 것은 긍정적인 변화를 유발할 수 있는 일반적인 요소를 잘 알아 실천에 통합하고 치료적 효과를 향상시키는 것이다.

평가내용에는 사회복지사가 목표달성을 위해 사용한 방법이나 기법에 대해 피드백 하는 것도 포함한다.

③ **사회복지사 평가**

사회복지사의 행동이나 태도 등이 개입에 어떠한 영향을 주었는지를 파악하기 위해 클라이언트로부터 피드백을 받는 것이다.

- 클라이언트의 긍정적 피드백은 사회복지사로 하여금 자기강점을 더 잘 알게 하고 그것을 미래에 자주 활용하게 한다.
- 클라이언트의 부정적 피드백은 때로 고통스럽지만 사회복지사의 주의산만, 반치료적 행위와 태도, 매너리즘을 알려준다.

3. 평가기법

사회복지사는 항상 목적과 목표를 명확하게 설정하여 개입해야 한다. 목표를 설정하지 않고는 개입의 성공 여부를 평가할 수 없다. 클라이언트체계의 변화를 측정하는 데 사용할 조사절차 및 기법들을 선택할 때 사회복지사는 다음의 사항을 살펴봐야 한다(Timberlake et al., 2002).

① 타당성 : 측정하고자 하는 것들은 실제로 측정하는가?
② 신뢰성 : 유사한 조건하에서 측정을 반복했을 때 유사한 결과가 나오는가?
③ 적용의 용이성 : 측정 절차는 짧고 이용하기 쉬우며, 전문가가 아니더라도 이해할 수 있는가?
④ 유용성 : 측정절차를 통해 사회복지사와 기관의 사회복지실천에 필요한 정보를 제공하는가?
⑤ 민감성 : 측정절차는 상대적으로 작은 변화와 차이도 알아낼 수 있는가?
⑥ 비반응성 : 측정절차는 측정으로 인한 현상의 변화나 현상에 영향을 미치지 않고 변화를 알아낼 수 있는가?

사회복지실천과정을 평가할 때 많이 사용되는 평가기법으로는 단일사례설계, 과제달성척도, 목적달성척도 등이 있다(나동석 외, 2014).

1) 단일사례설계

단일사례설계는 단일한 실천상황, 개인, 가족, 집단, 지역사회에 적용되었기 때문에 붙여진 명칭이다. 단일사례설계는 개입 이전의 상태와 개입 이후의 상태를 비교하는 것으로 흔히 AB설계라고도 한다.

단일사례설계에서 A는 개입 이전 상태 그리고 B는 개입상태를 의미한다. 단일사례설계는 사회복지실천과정에 따라 다양한 형태로 활용될 수 있다. 그 예를 들어보면 단일사례에 두 가지의 개입방법을 활용하였을 때에는 ABC사례 그리고 개입을 한 후 일정기간 동안 중단하였다가 다시 원래의 방법으로 개입하는 ABAB사례 등으로 변형하여 사용할 수 있다.

2) 목적달성척도

목적달성척도에서는 목적달성을 결과기준으로 사용한다. 이 방법을 클라이언트의 문제가 아니라 희망상태에 초점을 두고 있다는 점에서 긍정적이다.

단일사례설계로 클라이언트에 대한 개입을 평가하는 것이 적합하지 않을 때 이 방법을 사용할 수 있다.

3) 과제달성척도

과제달성척도는 과제가 성취된 정도를 평가하는 방법이다. 사회복지실천에서는 클라이언트의 목적을 달성하기 위하여 과제 중심의 개입이 널리 활용되고 있다. 과제성취척도는 사회복지사와 클라이언트가 합의한 과제를 완수하는 정도를 평가하게 되며, 전형적으로 5점 척도를 사용한다.

4) 클라이언트 만족도 질문

상품에 대한 만족도를 조사하기 위해서 기업에서 널리 사용되고 있으며, 사회복지실천에서도 상황에 따라 개입에 대한 반응을 알아보기 위해 클라이언트 만족도 설문방법을 사용하기도 한다. 클라이언트 만족도 설문은 개인뿐 아니라 집단 혹은 기관에서 서비스를 제공받고 있는 모든 클라이언트에게 적용될 수 있으며, 직접적 서비스뿐 아니라 프로그램 전체를 평가하는 데 적용될 수 있다.

제3절 종결의 개념 및 과제

1. 종결의 개념

종결은 사회복지사와 클라이언트의 전문적 관계가 마무리되는 원조과정의 종료단계이다. 종결은 계획될 수도 있고, 예상 밖일 수도 있으며, 성공적일 수도 있고, 실패할 수도 있다. 종결단계는 클라이언트가 개입단계에서 성취한 바를 유지하고 지속적으로 성장하는 데 영향을 미친다.

종결은 사회복지사의 욕구가 아닌 클라이언트의 욕구를 근거로 해야 하며, 클라이언트가 더 이상 서비스를 필요로 하지 않거나 서비스를 주는 것이 더 이상 이득이 되지 않는다고 판단될 때 이루어져야 한다. 단, 클라이언트는 아직도 서비스를 필요로 하지만, 기관이나 사회복지사의 사정이 여의치 않을 때는 다른 기관에 의뢰하여 클라이언트가 서비스를 받을 수 있도록 도울 필요가 있다.

2. 종결의 과제에서 사회복지사 역할

1) 종결시기의 결정

사회복지실천과정에서 계획했던 목표를 달성하고, 클라이언트가 스스로 욕구충족과 문제해결을 할 수 있을 만큼 충분한 도움을 받았다고 느꼈을 때, 혹은 더 이상의 진전이 없을 때 종결하는 것이 바람직하다.

사회복지사는 서비스의 종결 시기를 결정하기 위해 다음과 같은 몇 가지 요소를 고려해야 한다(Sheafor, 1998).

① 개입목표가 달성되었는가?
② 서비스 제공을 위한 합의되었던 제한시간이 종료되었는가?
③ 클라이언트가 기관에 오래된 문제가 충분히 해결되었는가?
④ 사회복지사나 기관이 적절한 양의 시간, 에너지, 기술을 투여하였는가?
⑤ 클라이언트나 사회복지사가 더 이상 기대할 만한 이득이 없다고 생각되는 시점에 왔는가?
⑥ 클라이언트가 사회복지사나 기관에 부적절하게 의존하고 있는가?
⑦ 클라이언트가 다른 기관 및 전문가에게 의뢰하여 더 적절한 서비스를 받아야 하는가?

사회복지사는 위의 고려해야 할 충분한 요소들을 종결의 시기로 결정한다. 또한 종결과정 자체가 클라이언트에게 긍정적인 경험이 될 수 있도록 해야 한다. 그런데 종결 시기에 일부 클라이언트는 부정적인 반응을 보이기도 한다.

2) 종결에 대한 반응과 해결책

종결 시기에 일부 클라이언트는 긍정적 감정, 부정적 감정을 보이기도 한다.

- 긍정적 반응을 보이는 클라이언트는 실천과정을 통해 성취감과 자신감을 갖게 된 것에 만족스러워 한다.
- 부정적인 반응을 보이는 클라이언트는 이별에 대한 상실감, 분노, 슬픔 등이다.

많은 클라이언트는 살아오는 동안 의미 있는 사람과의 관계에서 거절당하거나 상실과 고통, 유기를 경험하였다. 따라서 상실의 두려움이나 고통을 회피하고자 사회복지사와의 관계를 지속시키고 싶어 할 수도 있다. 좀 더 종결에 대해 강한 거부감을 나타내는 클라이언트의 경우는 다음과 같은 전형적인 종결반응을 나타낸다(Levinson, 1977).

첫째, 사회복지사에게 계속 만나 달라고 매달린다.

둘째, 과거의 문제가 재발했다고 말한다.

셋째, 종결단계에 들어와 새로운 문제가 발생했다고 보고한다.

넷째, 현재의 사회복지사를 대체할 새로운 대상을 찾는다.

사회복지사는 종결에 대한 클라이언트의 부정적 감정을 직접적으로 표현할 수 있도록 돕고, 이에 대해 함께 토론해야 한다. 이처럼 종결반응을 다루는 사회복지사들의 역할은 다음과 같다.

첫째, 사회복지사는 클라이언트가 자신의 감정을 수용하고, 두려움, 불안 등의 감정의 원인이 되는 과거 경험을 검토해 보도록 돕는 것이 중요하다. 감정을 점검해 봄으로써 클라이언트가 경험하는 힘든 감정상태를 거쳐 나갈 수 있도록 돕는다.

둘째, 실천과정을 돌이켜보고 클라이언트가 함께했던 일에 대해 긍정적 측면을 볼 수 있도록 돕는다.

셋째, 새로운 문제를 왜 제기하였는지를 검토하고 서비스를 계속 제공할 타당한 이유가 있는지를 살펴보아야 한다.

넷째, 클라이언트의 강점을 인식하게 하면서 스스로 할 수 있다는 것을 강조한다.

3) 변화의 안정화

개입과정에서 변화의 안정화를 위한 한 가지 방법은 개입의 전 과정을 다시 점검하면서 함께 진행해온 단계들이 삶의 과업에 좀 더 잘 대처할 수 있도록 성장의 단계라는 것을 되새겨준다. 또 다른 방법은 계속적인 성장을 도모하는 것이다.

클라이언트의 변화를 안정화하는 방법은 사후관리(follow-up services)이다. 사후관리는 종결 후 1~6개월 사이에 클라이언트가 잘 적응하고 있는지를 점검하는 과정을 말한다.

사회복지사가 계속 클라이언트에게 관심을 가지고 있다는 것을 나타내줌으로써 변화된 상태를 지속시킬 수 있는 동기를 강화한다. 사후관리를 통해 필요한 경우는 추가적인 서비스를 제공할 수도 있다.

4) 의뢰

클라이언트의 문제해결과 욕구충족을 위한 자원이나 서비스가 현재 기관에서 불충분할 경우 적절한 다른 기관이나 외부 자원들과 연결시켜 주는 것을 의미한다. 클라이언트를 위해 의뢰가 필요한 경우가 자주 있으므로 의뢰과정에서 다음과 같은 주의사항을 유념할 필요가 있다.

첫째, 의뢰로 인해 클라이언트가 거부당했다는 느낌과 새로운 서비스에 대한 불신감, 걱정 등을 하지 않도록 배려하고 의뢰의 필요성에 대해 잘 설명해 주어야 한다.

둘째, 사회복지사는 지역사회 내의 다양한 자원과 서비스에 대한 지식을 충분히 갖고 유용한 정보를 제공하여 클라이언트가 잘 알고 판단할 수 있도록 해야 한다.

셋째, 사회복지사는 클라이언트에게 도움이 될 최선의 서비스가 무엇인가에 대해 함께 의논하되, 최종적으로 클라이언트가 결정할 수 있도록 의견을 존중해야 한다.

넷째, 의뢰한 다른 기관의 기능을 알려주는 것이 필요하다. 그러나 세부적인 방법까지 구체적으로 밝히는 것은 바람직하지 않다. 왜냐하면 새로운 서비스에 대해 클라이언트가 선입관을 가질 수 있고 만일 기대한 바와 다를 경우 오히려 실망할 수 있기 때문이다.

제4절 종결의 유형 및 사후지도

1. 종결의 유형

그렇다면 언제 종결을 해야 하는가? 종결은 다음과 같은 다섯 가지 유형에 의해서 이루어진다(Hepworth & Larsen 1993).

1) 클라이언트에 의한 일방적이고 미숙한 종결

클라이언트가 불만이 있거나 저항의 방법으로 사용하기도 한다. 이런 경우 종결 전에 클라이언트의 부정적인 감정을 해소해야 한다. 클라이언트가 갑자기 약속을 어기고 이런 저런 핑계를 대면서 알 수 없다고 알리거나 자기문제를 노출시키지 않으면서 종결을 원하는 경우이다.

사회복지사는 클라이언트의 부정적인 감정에 관하여 논의하기를 원한다고 말하고 함께 다루어 나간다. 또한 사회복지사는 종결의 중요성을 알리고 신중히 생각할 것을 권한다. 그러나 결정은 클라이언트에게 맡겨야 하고 언제든지 다시 오면 서비스가 제공될 수 있음을 알려준다.

2) 시간적 구속요인에 의한 계획된 종결

실습기간이 끝나 종결하는 것이라면 실습생은 자신이 지도감독을 받고 있는 학생이라는 것과 기관을 떠나는 시기에 대해 클라이언트에게 미리 알려야 한다. 미리 알리는 종결이므로 클라이언트는 종결에 대해 충분한 시간을 갖고 준비할 수 있다. 시간적 제한 때문에 충분한 서비스가 제공되지 못할 수도 있는 단점이 있다.

3) 시간제한적 개입모델에 의한 계획된 종결

종결 시기는 처음부터 클라이언트와 함께 정한다. 정서적 애착과 의존이 줄어들고 종결에 따른 상실감도 감소한다. 사회복지사의 과제는 클라이언트가 얻은 것은 분명히 하고 지속적인 개입이 필요한 경우 또 다른 계획을 세운다는 것이다.

과업 중심적 접근에서 사회복지사는 마지막 직전 면접에서 다음이 마지막임을 명확히 언급하여 공식적으로 종결을 선언하고 시작하는 것이 좋다.

4) 시간제한이 없는 개입모델에서의 계획된 종결

시간제한이 없는 개방형 모델에 따른 종결로서 계획을 세워나가는 종결이며 이 경우 주요 과제는 종결 시기를 정하는 것이다. 개입과정 중에 얻는 것이 점차 감소한다고 판단될 때가 일반적으로 종결할 때이다. 클라이언트는 종결할 즈음에 사회복지사에게 매달리거나 과거문제가 재발했다고 하거나 새로운 문제를 가져오는 경우가 있다. 그리고 사회복지사를 대치할 대상을 찾은 경우 강한 정서적 반응을 보일 수 있다. 따라서 개방모델에 따른 종결은 종결할 무렵 클라이언트의 강한 정서적 반응을 다뤄주어야 한다.

5) 사회복지사의 개인적 사정으로 말미암은 종결

사회복지사의 사정으로 인한 종결에는 첫째, 사회복지사가 갑자기 이직하거나 퇴직하는 경우, 둘째, 클라이언트의 비협조와 동기부족 등으로 개입이 도움을 주지 못한다는 판단으로 종결하는 경우 등이 있다. 이러한 상황의 특징은 다음과 같다.

첫째, 클라이언트는 배척, 배제, 배신감, 거부당한 느낌 등으로 자존심에 상처를 입을 수도 있다.

둘째, 클라이언트가 계속적인 원조를 원하므로 클라이언트와 사회복지사 모두에게 어려움이 있을 수 있다.

셋째, 사회복지사는 클라이언트의 부정적 감정을 표현할 기회를 주고 극복할 수 있도록 도와 준 후 다른 사회복지사에게 의뢰한다.

2. 사후지도

사후지도는 클라이언트와 사회복지사의 공식적 관계가 종료되고, 일정기간이 지나서 클라이언트가 원조과정에서 획득한 변화를 유지하고 있는지를 확인하는 과정이다. 사후지도는 다음과 같다(양정남 외, 2014).

첫째, 클라이언트가 종결 시와 같은 수준에서 잘 기능하고 있는지 알아보기 위해 수행
둘째, 클라이언트가 어려움을 겪을 경우 필요한 도움을 제공하기 위해 수행

따라서 사후지도는 종결 시 사회복지사와 클라이언트가 함께 계획할 수 있다. 또는 개입의 전 과정을 계획하는 단계에서 사후지도가 포함되도록 고려할 수도 있다. 사후지도는 처음 개입계획단계에서부터 포함되도록 하는 것이 바람직하다(Wells, 1981).

이때 사회복지사는 클라이언트에게 사후지도의 목적이 클라이언트 변화의 진전 상황을 점검하는 것임을 확인시켜 줌으로써 클라이언트에게 긍정적 기대감을 심어주는 것이 좋다. 계획된 사후지도는 클라이언트에게 사회복지사의 지속적 관심을 받고 있다는 지지감을 부여함으로써 종결 시의 개입효과를 지속해서 유지하는 데 도움을 주게 된다. 또한 클라이언트의 종결 후 진전 상황을 점검하는 목록 외에도 사회복지사에게 클라이언트의 진전을 확인함으로써 자신의 개입에 대한 긍정적 확신을 얻는다는 이점이 있다.

사후지도 시 클라이언트의 상황이 종결시점과 비슷한 상황을 보일 수도 있고 종결 이후 더 많이 향상되었을 수도 있다. 클라이언트에 따라서는 사후지도가 이전의 개입효과를 증진시키는 촉진제 역할을 하기도 한다.

사후지도는 클라이언트에게 사회복지사가 여전히 그의 변화노력에 관심이 있음을 확인받고 자신의 변화노력을 유지하는 데 지지적 효과가 있다. 때로는 클라이언트의 상황이 점진적으로 악화되고 있거나 문제상황이 재발되었음을 보고하는 경우도 있다. 이러한 경우에는 재발이나 악화를 보고하는 클라이언트에게 그에 대한 대처를 위한 정보와 정서적 지지를 제공할 수 있으며, 다른 기관에의 의뢰와 개입의 필요성을 논의할 수도 있다.

사후지도는 개입방법의 효과 측정에 도움을 주고 있다. 클라이언트에게 사회복지사가 실시하였던 개입 혹은 활동 중에서 어느 것이 문제를 해결하는 데 가장 도움이 되었는지 그리고 어느 것이 별로 도움이 되지 않았는지 등을 알아볼 수 있다.

일정 기간이 지난 후 클라이언트의 개입에 대한 평가는 종결과정에서 실시되었던 평가보다 훨씬 의미가 있을 수 있다. 특히 클라이언트의 학대행동의 중단을 위한 개입에 있어서는 사후지도가 필수적이다.

참고문헌

권오균 외(2011). 사회복지실천론. 공동체.

나동석 외(2014). 사회복지실천론. 정민사.

사회복지교육연구센터 편저(2010). 인간행동과 사회환경. 나눔의집.

양옥경 외(2005). 사회복지실천론(3판). 나남출판.

양정남 외(2014). 사회복지실천론. 양서원.

이익섭 외(2004). 사회복지조사방법의 이해. 학지사.

이영실 외(2011). 사회복지실천론. 양서원.

최덕경 외(2013). 사회복지실천론. 공동체.

황성동(2006). 알기 쉬운 사회복지조사방법론. 학지사.

Hepworth, D. J. & J. A. Larsen.(1993). Direct Social Work Practice : Theory and Skills(4th ed). Pacific Grove Califomia : Brooks/Cole Publishing Company.

Johnson, H. W.(1982). The Social Services an Introduction, Itasca, Ⅲ. : F. E. Peacock Publishers, Inc.

Levinson, H.(1977). Termination of Psychotherapy : Some Salient Issues. Social Casework 58, 480-489.

Sheafor, B., Horejsi, C. & Horejsi, G.(1998). 서울복지실천기법과 지침(서울대학교 사회복지실천연구회 역). 나남출판.

Timberlake, E. M., Farber, M. Z. & Sabatino, C. A.(2002). The General Method of Social Work Practice : McMabon's Generalist Perspective. Allyn & Bacon.

찾아보기

ㄱ

ㅈ